MW00891187

Discussing Everything Chinese
Second Edition, Part 2
Listening and Oral Expression

===

新版 中国面面谈 第二册 听力与口语

新版 中國面面談 第二册 聽力與口語

邓立立 Lili Teng Foti, Ph.D. 鄧立立

李戎真 Rongzhen Li

with

王郁林 Yu-lin Wang

罗伟瑄 Wei-Hsuan Lo 羅偉瑄

MyChineseClass LLC

前言

感谢各大学校十多年以来对这套教材的支持。一如初版时所秉持的信念，我们希望循序渐进地提高学生的听说和读写能力，也希望学生通过教材中详细的词语例句和语法解释，有效做好课前准备和课后复习，使课堂时间得以充分应用于语言实践和课堂互动。我们将语言学习与文化、生活结合，并鼓励学生与同侪不断切磋、探索，相互激发学习的动力。在编写上，我们除致力于与二年级教材的衔接，也力求每一课新学的重要词汇和语法在听力、课文、例句、练习、课堂讨论中以及随后的单元中反复出现。

新版教材的一二册保留了旧版上册原有的十一课课文，只在必要处做了小幅度的更新。我们另添了新的三课，将新写的"平凡人与富二代"与"民主与现代生活"这两课分别置于原有的"中国的民间组织与民间活动"之前与之后，并在"中国的摇滚歌手崔健"后加上"艺术的影响力"做为第二册的最后一课。这三课的设计有两个目的，一是带进新的时事与话题，二是大量运用前后课的生词，帮助学生更有效地循环练习与吸收。

在架构上，新版详细列出了听力、课文、生词例句、语法例句中曾于前课出现过的生词。一是方便学生预习、复习，不断强化他们汉字和词汇的学习。二是方便老师们针对学生的需要选择使用其中几课，不需担心跳过某课会出现无法衔接的问题。同时，我们也在新版的听力练习后列出对话的文本供学生和老师们参考，并强化了听力练习之后的口语讨论。另外，我们设计了十四个小剧，以课文中出现过的生词做为连结，延申出简短的故事，经由小剧让学生轻松自然地学会动作动词，并培养他们成段叙述的能力。除此之外，我们在学生进入课文的阅读之前，设计了暖身活动，并在每课之后，补充文化讲解并提供相关的真实语料。课后习题方面，除原有的题型之外，新编的听力生词、课文第一部分生词、第二部分生词练习将方便学生分阶段复习。汉字练习单元，将帮助学生更有系统地记忆汉字，并强化汉语的字本位概念。

在此，我们要感谢合理大学罗云、何宝璋、郝稷老师以及卫斯理大学赵薇娜老师给予新版的建议、布朗大学汪洋老师在课文编写上的参与，以及耶鲁大学张永涛老师为新版作业本阅读练习所提供的底稿。感谢耶鲁大学何墨修以及卫斯理大学苗丽兰同学为我们做英文编辑，以及加州大学圣地亚哥分校陈珮嘉老师夫妇提供照片素材。更要感谢的是冯禹老师、白瑞戈、何宝璋、胡文泽、刘月华、李爱民老师等在任教哈佛大学时曾给过的引领，以及维廉大学的顾百里老师、张曼荪老师与台湾师大华研所师长的提携。最后，感谢卫斯理大学刘元珠老师一路上的支持和鼓励，也谢谢她让新版一二册在 2017 年有试用、改正的机会。

对于此教材的不足之处，还望各位老师、同行不吝指正，多提宝贵意见。

编者　2018 年 7 月

前言

感謝各大學校十多年以來對這套教材的支持。一如初版時所秉持的信念，我們希望循序漸進地提高學生的聽說和讀寫能力，也希望學生通過教材中詳細的詞語例句和語法解釋，有效做好課前準備和課後複習，使課堂時間得以充分應用于語言實踐和課堂互動。我們將語言學習與文化、生活結合，并鼓勵學生與同儕不斷切磋、探索，相互激發學習的動力。在編寫上，我們除致力于與二年級教材的銜接，也力求每一課新學的重要詞匯和語法在聽力、課文、例句、練習、課堂討論中以及隨後的單元中反復出現。

新版教材的一二冊保留了舊版上冊原有的十一課課文，只在必要處做了小幅度的更新。我們另添了新的三課，將新寫的"平凡人與富二代"與"民主與現代生活"這兩課分別置于原有的"中國的民間組織與民間活動"之前與之後，并在"中國的搖滾歌手崔健"後加上"藝術的影響力"做爲第二冊的最後一課。這三課的設計有兩個目的，一是帶進新的時事與話題，二是大量運用前後課的生詞，幫助學生更有效地循環練習與吸收。

在架構上，新版詳細列出了聽力、課文、生詞例句、語法例句中曾于前課出現過的生詞。一是方便學生預習、複習，不斷強化他們漢字和詞匯的學習。二是方便老師們針對學生的需要選擇使用其中幾課，不需擔心跳過某課會出現無法銜接的問題。同時，我們也在新版的聽力練習後列出對話的文本供學生和老師們參考，并強化了聽力練習之後的口語討論。另外，我們設計了十四個小劇，以課文中出現過的生詞做爲連結，延申出簡短的故事，經由小劇讓學生輕鬆自然地學會動作動詞，并培養他們成段敘述的能力。除此之外，我們在學生進入課文的閱讀之前，設計了暖身活動，并在每課之後，補充文化講解并提供相關的真實語料。課後習題方面，除原有的題型之外，新編的聽力生詞、課文第一部分生詞、第二部分生詞練習將方便學生分階段複習。漢字練習單元，將幫助學生更有系統地記憶漢字，并强化漢語的字本位概念。

在此，我們要感謝合理大學羅雲、何寶璋、郝稷老師以及衛斯理大學趙薇娜老師給予新版的建議、布朗大學汪洋老師在課文編寫上的參與，以及耶魯大學張永濤老師爲新版作業本閱讀練習所提供的底稿。感謝耶魯大學何墨修以及衛斯理大學苗麗蘭同學爲我們做英文編輯，以及加州大學聖地亞哥分校陳珮嘉老師夫婦提供照片素材。更要感謝的是馮禹老師、白瑞戈、何寶璋、胡文澤、劉月華、李愛民老師等在任教哈佛大學時曾給過的引領，以及維廉大學的顧百里老師、張曼蓀老師與臺灣師大華研所師長的提攜。最後，感謝衛斯理大學劉元珠老師一路上的支持和鼓勵，也謝謝她讓新版一二冊在 2017 年有試用、改正的機會。

對于此教材的不足之處，還望各位老師、同行不吝指正，多提寶貴意見。

編者　2018 年 7 月

Preface

Same as in the previous edition, we hope that this textbook promotes active learning in students through exploration both in the classroom and after classes. Following the ACTFL guidelines of foreign language teaching, we bring Communication, Cultures, Connections, Comparison and Community to the center of our design and use a variety of topics and class activities to engage learners. In the course of helping learners develop advanced language skills, we integrated activities in listening, speaking, reading and writing. We provide clear notes and rich sample usages while constantly reviewing and reinforcing vocabulary and patterns in different contexts and activities.

In this new edition, we kept the topics of the first eleven lessons from the previous version but made small modifications to the dialogues and texts, so they are more up to date and relevant. Three new topics are added: *Ordinary People and Children of the Elite* (Lesson 4), *Democracy and the Modern Life* (Lesson 6) and *Influence of Contemporary Arts* (Lesson14). This made both Part 1 and Part 2 of this new edition contain seven topics. Adding these three new lessons allows students to discuss more current topics. It also better distributes the amount of new vocabulary across each lesson and creates new contexts for the students to review and practice them.

Notes of reviewed vocabulary from pervious lessons are added to the listening dialogues, reading texts, sample sentences and workbook exercises. This will make it easier for students to preview and review each lesson. At the same time, it will give instructors flexibility to select or shuffle the lessons to best fit their needs. We also included the transcripts of the dialogues at the end of the listening section and added more speaking activities related to the students' daily life. We also filmed a skit for each lesson to teach action verbs and narrative abilities and added warm-up activities, culture notes and authentic materials to each topic. In the workbook, vocabulary exercises are given in chunks to help students review vocabulary in corresponding stages. Exercises in Chinese characters are also given to help student memorize them more systematically and to strengthen their concept of character-based lexicon learning.

We would like to give our thanks to Claudia Ross, Baozhang He, Ji Hao from College of the Holy Cross and Weina Zhao from Wellesley College for their suggestions to the revision, Yang Wang from Brown University for her contribution to the texts, and Yongtao Zhang from Yale University for his contribution to the reading exercises. We also like to thank our students Matt Coffin from Yale University and Laurel Stickney from Wellesley University for their help in English editing, and Pei-chia Chen from U.C. San Diego and her husband for the graphic materials.

Many thanks to Lili's professors from the Graduate Institute of Chinese as a Second Language at National Taiwan Normal University, her colleagues and teachers Neil Kubler, Cecilia Chang from Williams college, Yu Feng, Baozhang He, Wenze Hu, Aimin Li, Yuhua Liu, and Craig Butler from Harvard University for their guidance and Prof. Ruby Y.C. Lam from Wellesley University for her support and making it possible to test-use the new version. Any errors in this book are the responsibility of authors.

The publication of this book wouldn't be possible without the understanding of our families. We deeply appreciate their love and support.

The authors, July 2018

目录 (目錄) Table of Contents

第八课　大龄青年/大齡青年

听录音回答问题 (聽錄音回答問題) Listening Comprehension

对话一 (對話一) Dialogue 1:

Listen to this conversation between a daughter and her mom about blind dates. Try to learn new words from context clues. The vocabulary you learn in this dialogue will help you comprehend the reading text in the later section.

邀请 | 推销 | 伴儿 | 幸福 | 婚姻

邀請 | 推銷 | 伴兒 | 幸福 | 婚姻

yāoqǐng | tuīxiāo | bàn-ér | xìngfú | hūnyīn

生词复习 (生詞複習)

- 介绍 | 介紹 | jièshào | to introduce, introduction |
- 竟然 | 竟然 | jìngrán | surprisingly | L2, L3, L5
- 秃顶 | 禿頂 | tūdǐng | bald | L7
- 老头儿 | 老頭兒 | lǎotóu er | old man | L7
- 死 | 死 | sǐ | to die, dead, death |
- 商店 | 商店 | shāngdiàn | store |
- 干吗/干嘛 | 幹嗎/幹嘛 | gànma | why | L7
- 急 | 急 | jí | anxious | L2 急于/急於
- 家庭 | 家庭 | jiātíng | family |
- 根据 | 根據 | gēnjù | according to | L2
- 观察 | 觀察 | guānchá | observed | L7

- 结婚 | 結婚 | jiéhūn | to get married |
- 离婚 | 離婚 | líhūn | to have a divorce |
- 绝对 | 絕對 | juéduì | absolute, absolutely | L5, L6
- 反正 | 反正 | fǎnzhèng | anyway, anyhow | L7
- 伤脑筋 | 傷腦筋 | shāng nǎojīn | to have a headache | L2, L3, L6
- 嫁 | 嫁 | jià | to marry a husband | L2
- 到底 | 到底 | dàodǐ | at all | L3 口语用法, L4
- 宁可 | 寧可 | nìngkě | rather | L7
- 退休 | 退休 | tuìxiū | to retire, retirement | L7
- 埋怨 | 埋怨 | mányuàn | to blame | L7
- 着急 | 著急 | zhāojí | anxious | L2
- 合适 | 合適 | héshì | suitable; appropriate | L7

根据对话一回答问题

- 对话里的妈妈做了什么事让女儿不高兴？
- 妈妈为什么要那么做呢？女儿有什么不一样的想法？

你的看法

- 你会不会帮人介绍男朋友或女朋友？为什么？
- 你觉得，如果你到四十岁还没有结婚，你的父母会做什么？
- 如果你想认识朋友，或给你的家人介绍朋友，你会邀请人来家里吃饭还是会用别的方法？为什么？

(繁體 Traditional characters)
根據對話一回答問題
- 對話裏的媽媽做了什麼事讓女兒不高興？
- 媽媽爲什麼要那麼做呢？女兒有什麼不一樣的想法？

你的看法
- 你會不會幫人介紹男朋友或女朋友？爲什麼？
- 你觉得女生找男朋友一定要找年纪比她大的人吗？为什么？男生找女朋友一定要找年纪比他小的人吗？为什么？
- 你覺得，如果你到四十歲還沒有結婚，你的父母會做什麼？
- 如果你想認識朋友，或給你的家人介紹朋友，你會邀請人來家裏吃飯還是會用別的方法？爲什麼？

对话二 (對話二) Dialogue 2:

Listen to this conversation between a couple when they went to an orphanage to look for a child to adopt. Try to learn new words from context clues. The vocabulary you learn in this dialogue will help you comprehend the reading text in the later section.

毛病 | 领养 | 抛弃 | 智商 | 冒险(L6) | 正常
毛病 | 領養 | 抛弃 | 智商 | 冒險(L6) | 正常
máobìng | lǐngyǎng | pāoqì | zhìshāng | màoxiǎn | zhèngcháng

生词复习 (生詞複習)

- 活泼 | 活潑 | huópō | lively, out-going | L3
- 可爱 | 可愛 | kě'ài | lovely, cute |
- 似乎 | 似乎 | sìhū | seem | L1, L2, L4, L6
- 仔细 | 仔細 | zǐxì | careful, carefully | L2, L7
- 听话 | 聽話 | tīnghuà | obedient | L3
- 傻 | 傻 | shǎ | stupid, silly, stunned | L7
- 陌生人 | 陌生人 | mòshēng rén | stranger | L1
- 估计 | 估計 | gūjì | estimate | L7
- 胡思乱想 | 胡思亂想 | húsī luànxiǎng | have a bee in one's bonnet | L7
- 怀孕 | 懷孕 | huáiyùn | to get pregnant, pregnancy | L2
- 年龄 | 年齡 | niánlíng | age |
- 孤儿院 | 孤兒院 | gū'ér yuàn | orphanage | L1
- 宁可 | 寧可 | nìngkě | rather | L7
- 多多少少 | 多多少少 | duō duō shào shào | more or less | L3
- 观察 | 觀察 | guānchá | to observe | L7
- 认真 | 認真 | rènzhēn | serious |

- 重男轻女 | 重男輕女 | zhòngnán qīng nǚ | prefer boys than girls | L2
- 抱 | 抱 | bào | to hold in arms | L2 动作动词
- 孙子 | 孫子 | sūnzi | grandson |
- 无私 | 無私 | wúsī | selfless | L1, L5
- 过分 | 過分 | guòfèn | excessive | L5 超过

根据对话二回答问题

- 这个对话很可能发生在哪儿？说话的两个人是什么关系？他们为什么要到那个地方？
- 他们看到的头两个孩子怎么样？他们想把这两个孩子带回家，还是要另外看别的孩子？说话的两个人有什么不同的意见？

你的看法

- 如果你想要孩子，你觉得领养是一个好办法吗？为什么？领养的时候，你会先想好哪些问题？
- 你认为女人是不是不应该等到三十五岁以后再生孩子？为什么？男人呢？为什么？
- 如果你可以领养健康的女孩或者有毛病的男孩，你会选择哪一个？为什么？

(繁體 Traditional characters)
根據對話二回答問題
- 這個對話很可能發生在哪兒？說話的兩個人是什麽關係？他們爲什麽要到那個地方？
- 他們看到的頭兩個孩子怎麽樣？他們想把這兩個孩子帶回家，還是要另外看別的孩子？說話的兩個人有什麽不同的意見？

你的看法
- 如果你想要孩子，你覺得領養是一個好辦法嗎？爲什麽？領養的時候，你會先想好哪些問題？
- 你認爲女人是不是不應該等到三十五歲以後再生孩子？爲什麽？男人呢？爲什麽？
- 如果你可以領養健康的女孩或者有毛病的男孩，你會選擇哪一個？爲什麽？

对话三 (對話三) Dialogue 3:

Listen to this conversation between A-hua and her friend after she came back from a gathering where her ex-boyfriend showed up. Try to learn new words from context clues. The vocabulary you learn in this dialogue will help you comprehend the reading text in the later section.

聚会 | 单身 | 默契 | 羡慕 | 分手 | 后悔
聚會 | 單身 | 默契 | 羨慕 | 分手 | 後悔
jùhuì | dānshēn | mòqì | xiànmù | fēnshǒu | hòuhuǐ

求婚 | 冷静 | 真正 | 来不及 | 孤单 | 丰富（**L6**）
求婚 | 冷靜 | 真正 | 來不及 | 孤單 | 豐富
qiúhūn | lěngjìng | zhēnzhèng | láibují | gūdān | fēngfù

生词复习 (生詞複習)

- 发呆 | 發呆 | Fādāi | to daze, | L7
- 碰见 | 碰見 | pèngjiàn | to encounter | L7
- 胡思乱想 | 胡思亂想 | húsīluànxiǎng | to have irrational thinking | L7
- 仍然 | 仍然 | réngrán | still | L5
- 突然 | 突然 | túrán | suddenly | L1, L7
- 愿意 | 願意 | yuànyì | willing | L2, L4, L7
- 嫁 | 嫁 | jià | to marry a husband | L2
- 争取 | 爭取 | zhēngqǔ | to fight for | L2
- 骄傲 | 驕傲 | jiāo'ào | to be proud, proud | L1
- 人家 | 人家 | rénjiā | the other person, other people | L1 口语用法
- 一副…的样子 | 一副…的樣子 | yī fù…de yàngzi | to appear like | L7 语法

根据对话三回答问题

- 女说话人阿华昨天晚上做了什么？什么事让她回来以后心里不太舒服？
- 阿华跟前男朋友是怎么分手的？当初她希望自己嫁给他吗？现在呢？她目前过得幸福吗？
- 男说话人觉得阿华和前男朋友分手是谁的错?为什么？

你的看法

- 你认为，男女朋友分手以后应该不应该再见面？为什么？
- 你觉得求婚这样的事一定得是男人来做吗？为什么？
- 如果你爱你的男朋友或者女朋友，但是他/她跟你求婚的时候，你还不想结婚，你会跟他分手吗？还是会怎么做？
- 你觉得，单身的生活有什么让人羡慕的地方？结了婚的生活又有什么让人羡慕的地方？

(繁體 Traditional characters)

根據對話三回答問題
- 女說話人阿華昨天晚上做了什麼？什麼事讓她回來以後心裏不太舒服？
- 阿華跟前男朋友是怎麼分手的？當初她希望自己嫁給他嗎？現在呢？她目前過得幸福嗎？
- 男說話人覺得阿華和前男朋友分手是誰的錯?爲什麼？

你的看法
- 你認爲，男女朋友分手以後應該不應該再見面？爲什麼？
- 你覺得求婚這樣的事一定得是男人來做嗎？爲什麼？
- 如果你愛你的男朋友或者女朋友，但是他/她跟你求婚的時候，你還不想結婚，你會跟他分手嗎？還是會怎麼做？
- 你覺得，單身的生活有什麼讓人羨慕的地方？結了婚的生活又有什麼讓人羨慕的地方？

听力生词 (聽力生詞) **Dialogue Vocabulary**

1. 幸福 | 幸福 | xìngfú | happy, happiness | 幸福的家庭/幸福的婚姻生活/过得很幸福/得到了幸福/追求幸福/关心孩子的幸福 | 幸福的家庭/幸福的婚姻生活/過得很幸福/得到了幸福/追求幸福/關心孩子的幸福 （追求 zhuīqiú：to pursue, L1）

2. 婚姻 | 婚姻 | hūnyīn | marriage | 一段婚姻/合法婚姻/婚姻生活/美好的婚姻生活 | 一段婚姻/合法婚姻/婚姻生活/美好的婚姻生活 （合法：legal, L5）

3. 伴儿 | 伴兒 | bànr | company; companion; partner | 玩伴儿/老伴儿/旅游的伴儿/找一个伴儿/咱们俩做伴儿。 | 玩伴兒/老伴兒/旅游的伴兒/找一個伴兒/咱們倆做伴兒。 （咱们/咱們 zánmen: we in a inclusive way）

4. 推销 | 推銷 | tuīxiāo | to try to sell; to market | 推销东西/把这东西推销出去/向他推销这些商品/一名推销员 | 推銷東西/把這東西推銷出去/向他推銷這些商品/一名推銷員 （商品 shāngpǐn: merchandise）

5. 邀请 | 邀請 | yāoqǐng | to invite; invitation | 小李邀请我们去他家吃饭。/你收到小李的邀请了吗？ | 小李邀請我們去他家吃飯。/你收到小李的邀請了嗎？

6. 毛病 | 毛病 | máobìng | illness; breakdown; defect | 他脑子有点毛病，有时候说话都说不清楚。/他的车出了点小毛病。/他这人的毛病就是不管在哪儿都喜欢大声说话。 | 他腦子有點毛病，有時候說話都說不清楚。/他的車出了點小毛病。/他這人的毛病就是不管在哪兒都喜歡大聲說話。 （脑子/腦子 nǎozi: head, brain）

7. 领养 | 領養 | lǐngyǎng | to adopt (children) | 领养一个孩子/他不是亲生的，是领养的。 | 領養一個孩子/他不是親生的，是領養的。

8. 正常 | 正常 | zhèngcháng | normal; regular; normally | 正常的关系/情况很正常/恢复正常生活/大雪让我们这几天没办法正常上课。 | 正常的關係/情況很正常/恢復正常生活/大雪讓我們這幾天沒辦法正常上課。 （恢复/恢復 huīfù: to recover, L1）

9. 智商 | 智商 | zhìshāng | IQ(intelligence quotient) | 她那么聪明,智商一定很高。/他想领养一个智商正常的孩子。 | 她那麼聰明,智商一定很高。/他想領養一個智商正常的孩子。

10. 抛弃 | 抛弃 | pāoqì | to abandon; to discard | 抛弃财产/把孩子抛弃在大街上。/他为了留在美国，抛弃了国内的妻子和女儿。/他仍然没有完全抛弃传统的保守观念。 | 抛弃财产/把孩子抛弃在大街上。

/他爲了留在美國，抛弃了國内的妻子和女兒。/他仍然沒有完全抛弃傳統的保守觀念。 （财产/財產 cáichǎn: property, L2, 妻子 qīzi: wife）

11. 聚会 | 聚會 | jùhuì | to gather; gathering; get-together | 一场聚会 | 一場聚會

12. 默契 | 默契 | mòqì | tacit understanding; privity; unvoiced pact] | 这些球员之间的默契很好。/这对夫妻很有默契，不必开口就知道对方心里想什么。 | 這些球員之間的默契很好。/這對夫妻很有默契，不必開口就知道對方心裏想什麼。 （球员/球員 qiúyuán, ball player, L1, 夫妻 fūqī:couple）

13. 分手 | 分手 | fēnshǒu | to split up; to say good-bye | 我们在车站分手后，她回上海，我到北京。/他女朋友要和他分手，让他很难过。 | 我們在車站分手後，她回上海，我到北京。/他女朋友要和他分手，讓他很難過。

14. 羡慕 | 羨慕 | xiànmù | to envy; to admire | 我羡慕你的好运。/我羡慕你有一个幸福的婚姻。/你可以免费上大学，真让人羡慕。 | 我羨慕你的好運。/我羨慕你有一個幸福的婚姻。/你可以免費上大學，真讓人羨慕。 （好运/好運 hǎoyùn）

15. 真正 | 真正 | zhēnzhèng | genuine; really | 真正的朋友/真正的爱情/他没有真正负起责任。 | 真正的朋友/真正的愛情/他沒有真正負起責任。

16. 孤单 | 孤單 | gūdān | alone; all by oneself; lonely | 孤单的时候/孤单的日子/他感到孤单无助。/他过着孤孤单单的生活。 | 孤單的時候/孤單的日子/他感到孤單無助。/他過著孤孤單單的生活。 （无助/無助 wúzhù: helpless）

17. 后悔 | 後悔 | hòuhuǐ | to regret | 他后悔没有听父母的话。/我后悔今天没有多穿一些衣服。/他觉得很后悔。 | 他後悔沒有聽父母的話。/我後悔今天沒有多穿一些衣服。/他覺得很後悔。

18. 来不及 | 來不及 | láibùjí | there's not enough time (to do sth) 来得及 =there's still time to do sth | 我来不及吃早饭就得去上课了。/你跑得快一点还来得及坐这班公共汽车。 | 我來不及吃早飯就得去上課了。/你跑得快一點還來得及坐這班公共汽車。

19. 冷静 | 冷靜 | lěngjìng | to be calm; calm | 你冷静点！ / 我冷静不下来/他做事很冷静。 | 你冷靜點！ / 我冷靜不下來/他做事很冷靜。

20. 单身 | 單身 | dānshēn | unmarried; single | 单身生活/他还是单身。/ | 單身生活/他還是單身。

21.求婚 | 求婚 | qiúhūn | to propose (a marriage) | 向…求婚/跟…求婚 | 向…求婚/跟…求婚

课后练习 (課後練習) : Go to workbook for exercises II-1. 听力生词 (聽力生詞) and IV-1 汉字部件:a. 听力生词 (漢字部件: 聽力生詞)

口语用法 (口語用法) **Oral Expressions**

（复习）

- **哪**有你这么找男朋友的 ("哪" or "哪儿" "哪里"can be used in a rhetorical question to negate instead of meaning "place". In this sentence, the speaker means he is too old to play basketball). L1

- **到时候**你就知道了("到时候 XX" is a transition of "到 XX 的时候." It can be translated as "then" or "when the time comes." It carries an assumption that a change will happen or the time will come). L3

- **看来，**你仍然爱人家。("看来" means "it seems" or "it looks like" . It is similar to "我看", but "我看" leans more towards one's own subjective feeling, and can introduce one's suggestion; "看来" tends to introduce a judgment or estimation based on the information mentioned).L2 "人家" means "the other people." or "the person" here, L1.

- 我也不知道，**反正**心里不舒服。("反正" means "anyhow, in any case". It is used as an adverb to indicate determination or certainty, and implies that the decision or the outcome will not be changed anyway). L7 语法

- 我**宁可**一个人生活，**也**不要跟不喜欢的人结婚。（宁可 A 也（不）B   "宁可" means "rather". When you use this pattern, you mean "to make B (not) happen, I would rather compromise and reluctantly tolerate A." "宁可" introduces the preferred choice in a comparison between two dissatisfactory items or actions) L7 语法.

（繁體）
哪有你這麼找男朋友的 | **到時候**你就知道了 | **看來，**你仍然愛人家。 | 我也不知道，**反正**心裏不舒服。 | 我**寧可**一個人生活，**也**不要跟不喜歡的人結婚。

1. 我邀请他来吃个饭**也是为你好啊**！
("也是为你好啊" means "is for your own good". "也" and "啊" are used to ease up the tension. A similar expression is "也是为你想啊!" meaning "it is on the concern of you.")

A: 你不要管我是不是在胡思乱想。
B: 我让你别胡思乱想，**也是为你好啊！**
A: It's not your business whether or not I have wild thinking.
B: It is for your own good that I told you to cease your wild thinking.

A: 这儿又脏又热。你干吗要我躲在这儿。

19

B: 别埋怨了。我要你躲起来，**也是为你想啊**！
A: This place is dirty and hot. Why do you want me hide here?
B: Don't complain. I asked you to hide for your own good.

(复习)
胡思乱想 | 胡思亂想 | húsīluànxiǎng | L7 | 脏 | 髒 | zāng | L7 | 埋怨| máiyuàn | L7 | 躲 | duǒ | L7

(繁體) 我邀請他來吃個飯也是**爲你好**啊！ | A: 你不要管我是不是在胡思亂想。B: 我讓你別胡思亂想，**也是爲你好啊**！ | A: 這兒又髒又熱。你幹嗎要我躲在這兒。B: 別埋怨了。我要你躲起來，**也是爲你想啊**！

2. 我**总**不能把你推销给十八岁的年轻人**吧**！
("总" can mean "anyway", "after all." It points out the most essential aspect of a matter. "吧" makes the sentence less affirmative).

派一个警察不够，派二十个**总**找得到那个色鬼**吧**！
If sending one policeman is not enough, sending 20 should make it possible to find the pervert after all, don't you think?

你要参加的是个正式的会，**总得**打扮打扮，不能穿得那么马虎**吧**！
The meeting you're going to attend is formal. You should dress up a little bit, anyway— don't wear such casual clothes!

("吧" is often used at the end of an imperative sentence to give a softer or a consulting tone).
你走着去吧，别开车了！
Walk there. Don't drive!

(复习)
派 | pài | L1 | 警察 | jǐngchá | 色鬼 | sèguǐ | L7
正式 | zhèngshì | L5 | 打扮 | dǎbàn | L7 | 马虎 | 馬虎 | mǎhu | L7 | 迷信 | míxìn | L5

(繁體) 我**總**不能把你推銷給十八歲的年輕人**吧**！ | 派一個警察不够，派二十個**總**找得到那個色鬼**吧**！ | 你要參加的是個正式的會，**總得**打扮打扮，不能穿得那麼馬虎**吧**！ | 你走著去吧，別開車了！

3. 这个不行，那个也不行，...
("这个也不行，那个也不行，…" is used in a discourse to express a complaint. It can be translated as "this doesn't work, nor does that one" or "there seems to be nothing you will be pleased with". It is either followed by a question, a negative comment, or a conclusion.

这个也不行，那个也不行，我看你今年找不到什么合适的工作了。
This one is not ok, that one is not ok…I think you won't be able to find a suitable job this year.

今天不行，明天也不行，你到底什么时候才要开始锻炼身体？
Today is no good, neither is tomorrow. When on earth are you going to start your exercise?

这么做也不行，那么做也不行，你太迷信了。
This way doesn't work, neither does that way. You are just too superstitious.

你这个不吃，那个也不吃，到时候病了怎么办？
You eat nothing. What can we do if you get sick?

(复习)
迷信| míxìn | L5

(繁體) 這個不行，那個也不行，… | 這個也不行，那個也不行，我看你今年找不到什麼合適的工作了。 | 今天不行，明天也不行，你到底什麼時候才要開始鍛煉身體？ | 這麼做也不行，那麼做也不行，你太迷信了。 | 你這個不吃，那個也不吃，到時候病了怎麼辦？

4. 看样子很活泼啊！
("看样子" means "It looks like" or "It seems" based on one's estimation. It is used colloquially).

这个学生上课的时候不是发呆就是睡觉，看样子他不喜欢这门课。
This student either daydreams or sleeps in class. It seems that he doesn't really like this class.

已经一年了你的腿还没有恢复，看样子很难恢复了。
It has been a whole year but your leg still hasn't healed. Looks like it will be hard for it to be restored.

(复习)
活泼 | 活潑 | huópō | L3 | 发呆 | 發呆 | fādāi | L7 | 恢复 | 恢復 | huīfù | L1

(繁體) 看樣子很活潑啊！ | 這個學生上課的時候不是發呆就是睡覺，看樣子他不喜歡這門課。 | 已經一年了你的腿還沒有恢復，看樣子很難恢復了。)

5. 不管怎么样，我们都得领养个男孩子
("不管怎么样"means "no matter what", "anyway", or "by all means". It is used in spoken language to indicate that under any circumstances, the result will remain the same).

不管怎么样，我去公园时不敢再打扮得那么时髦了。我真害怕那些闲话。
No matter what, when I go to the park I don't dare dress fashionably. I am really scared

of those gossips.

我知道我的老板不会支持我。但不管怎么样，我都要争取我的权利。
I know my boss won't support me, but no matter what, I will fight for my rights.

(繁體) 不管怎麼樣，我們都得領養個男孩子 | 不管怎麼樣，我去公園時不敢再打扮得那麼時髦了。我真害怕那些閒話。 | 我知道我的老闆不會支持我。但不管怎麼樣，我都要爭取我的權利。)

(复习)
敢 | gǎn | L5 | 打扮 | dǎbàn | L7 | 时髦 | 時髦 | shímáo | L7 | 闲话 | 閒話 | xiánhuà | L7
支持 | zhīchí | L5 | 争取 | 爭取 | zhēngqǔ | L2 | 权利 | 權利 | quánlì | L2

6. 原来你也重男轻女!
(原来 in the discourse indicates discovery of the truth. It can be translated as "now I realize the truth is that…").

原来是你啊！我以为是谁呢！
Oh! It's YOU. I thought it was someone else.

A: 你也是台大毕业的吗？
B: 原来我们是校友啊！
A: Did you graduate from Taiwan University, too?
B: I didn't know that we are from the same University!.

(繁體) 原來你也重男輕女 | 原來是你啊！我以爲是誰呢！ | A: 你也是台大畢業的嗎？ B: 原來我們是校友啊！

7. 我也不知道怎么搞的
("不知道怎么搞的" can be translated as "I have no idea…", or "somehow…", or " who knows how it happened". It is used in spoken language and is followed by the matter that puzzles or bothers the speaker).
不知道怎么搞的，我昨天还好好的，今天就突然生病了。
I have no idea how this happened. I was great yesterday, but today I got sick all of a sudden.

这个旅馆的房间干净也安静，可是**不知道怎么搞的**，我就是睡不好。
The room of this hotel is clean and quiet. I don't know why, but I just can't sleep well.

(复习)
突然 | túrán | L1

22

(繁體) **我也不知道怎麼搞的** | 不知道怎麼搞的，我昨天還好好的，今天就突然生病了。 | 這個旅館的房間乾淨也安靜，可是**不知道怎麼搞的**，我就是睡不好。

8. 但**说实话**，你真的觉得幸福吗？

("说实话" means "to be honest; to tell the truth". It is used to express one's personal feeling or opinion. In this sense, you can also say "说心里话" or "说实在话". However, "说实话" can also mean "Tell me the truth". In this case, it can't be replaced by "说心里话", or "说实在话").

> **说心里话(or说实在话/说实话)**，现代社会竞争这么激烈。娶个女强人做太太也不错。至少可以减少经济压力。
> To be honest, nowadays the competition in society is really intense. It's not so bad marrying a career woman. At least she can alleviate some financial pressure.

> **说实话**，是不是你在鼓励这些非政府组织挑战政府？
> Tell me the truth, was it you who encouraged these nongovernmental organizations to challenge the government?

(复习)
竞争 | 競爭 | jìngzhēng | L3, L4 | 激烈 | 激烈 | jīliè | L3, L4 |
娶 | 娶 | qǔ | L2 | 女强人 | 女強人 | nǚ qiángrén | L2 | 减少 | 減少 | jiǎnshǎo |
鼓励 | 鼓勵 | gǔlì | L2 | 组织 | 組織 | zǔzhī | L2, L5 | 挑战 | 挑戰 | tiǎozhàn | L4, L5

(繁體) 但**說實話**，你真的覺得幸福嗎？ | **說心裏話(or 說實在話/說實話)**，現代社會競爭這麼激烈。娶個女強人做太太也不錯。至少可以減少經濟壓力。 | **說實話**，是不是你在鼓勵這些非政府組織挑戰政府？

课后练习(課後練習) Go to Workbook for exercises: I-1. 听力与口语用法 (聽力與口語用法) and I-2. 口语用法填空(口語用法填空)

口语练习 (口語練習) Oral Practice

Use the oral expressions you learned for the role-play discussion

...也是为你好啊！/ 总...吧！/哪有(你/人)这么+VP 的
看样子.../怎么能这样呢？/不管怎么样
我也不知道怎么搞的/ 说实话...
这+(S)+不+VP, 那+(S)+也不 VP (as in 这个不行，那个也不行)

1. A—你已经四十岁了，还没有结婚，但你不喜欢你的妈妈不停地给你介绍对象。B—你的孩子已经四十岁了，还没有结婚，你很担心，很希望帮他找到对象。

2. A—你想到孤儿院领养一个健康的男孩子。B—你在孤儿院工作，想把一个有残疾的女孩子推销给 A。

3. A—你后悔和以前的女朋友/男朋友分手，你给她/他打电话，希望恢复从前的关系。B—你已经结婚了，希望以前的男朋友/女朋友别再烦你。

(繁體 Traditional characters)
...也是爲你好啊！/ 總...吧！/哪有(你/人)這麼+VP 的
看樣子.../怎麼能這樣呢？/不管怎麼樣
我也不知道怎麼搞的/ 說實話...
這+(S)+不+VP, 那+(S)+也不 VP (as in 這個不行，那個也不行)

1. A—你已經四十歲了，還沒有結婚，但你不喜歡你的媽媽不停地給你介紹對象。 B—你的孩子已經四十歲了，還沒有結婚，你很擔心，很希望幫他找到對象。

2. A—你想到孤兒院領養一個健康的男孩子。B—你在孤兒院工作，想把一個有殘疾的女孩子推銷給 A。

3. A—你後悔和以前的女朋友/男朋友分手，你給她/他打電話，希望恢復從前的關係。B—你已經結婚了，希望以前的男朋友/女朋友別再煩你。

听力文本 (聽力文本) Dialogue Transcripts

对话一

A. 妈，你不要再给我介绍男朋友了。我真没想到，你今天竟然会把一个四十多岁的秃顶老头儿邀请到家里来。气死我了！

B. 我邀请他来吃个饭也是为你好啊！你都已经三十八岁了，不找四十多岁的，我找几岁的？我总不能把你推销给十八岁的年轻人吧！

A. 什么？你在推销我？我又不是商店里卖的东西，你干吗推销我，干吗急着把我卖出去吗？

B. 不是要卖你。我只是希望你找个伴儿结婚，有一个幸福的家庭，别总是一个人生活。

A. 我一个人有什么不好，为什么一定得有个伴儿？根据我的观察，我的那些结了婚的朋友，婚姻一点也不幸福，最近还有几个都离婚了。

B. 你这么说也太绝对了吧，不幸福的只是少数，大多数婚姻还是很幸福的。你看我和你爸在一起不是很幸福吗？

A. 反正你别为我的事伤脑筋了，我要嫁人，我自己会找男朋友的。

B. 哪儿有你这么找男朋友的，这个不行，那个也不行，你到底要找什么样的人？

A. 到时候你就知道了，反正我宁可一个人生活，也不要跟不喜欢的人结婚。

B. 这样下去，你年纪越来越大，就越来越不容易找了。

A. 好了好了，你就别管我的事了，你好好享受你的退休生活吧。

对话二

A. 唉，你看这个小男孩怎么样？看样子很活泼，很可爱啊。

B. 嗯，他眼睛似乎有毛病啊，怎么一个大，一个小？

A. 嗯，是有点儿，不过，不仔细看也看不出来。可能他父母就是因为这个小毛病才不要他，把他抛弃了。

B. 那我们还是再找一个吧，这眼睛有毛病，以后长大了很难找女朋友。

A. 那你看那边那个小男孩，一个人安安静静地玩，很听话啊。

B. 我们去看看。小朋友，你好？嗯？怎么不说话呀？有点傻啊？

A. 可能他害怕陌生人。

B. 有可能，可是我估计他智商有问题，笨笨的，是个傻孩子。

A. 怎么会呢？你就喜欢胡思乱想。

B. 我们得小心，我不想自己怀孕生孩子，就是因为年龄大，不想冒险，怕孩子生出来有什么毛病，现在我们决定领养，一定要认真看，找个正常，没问题的。

A. 你想，这孤儿院里的孩子，多半儿都是被父母抛弃的，多多少少都有些毛病。

B. 那我们只观察女孩子，你知道，中国人重男轻女，有的孩子没什么毛病，只是因为是个女的就被抛弃了。

A. 那不行，不管怎么样，我们都得领养个男孩子，我父母还等着抱孙子呢。

B. 什么？原来你也重男轻女呀。

A. 我也没办法，我宁可领养一个眼睛有毛病的男孩，也不要领养一个身体正常的女孩。

B. 你太过分了。

对话三

A. 嗯，阿华，发什么呆呢？今天聚会玩得不高兴吗？怎么回来以后就不说话？

B. 今天晚上在聚会上我碰见以前的男朋友了。

A. 哦，又胡思乱想了？你们分手好几年了，怎么还记着他啊？他也象你一样还单身吗？

B. 他已经结婚半年了。看样子，他太太好像怀孕了。

A. 哦，他太太也参加聚会了？

B. 是啊，他们俩看起来好像很有默契，一脸幸福的样子。

A. 怎么？你羡慕了？

B.（叹气）我也不知道，反正心里不舒服。

A. 看来，你仍然爱人家。后悔跟人家分手了吧？

B. 事情已经发生了，后悔有什么用。

A. 也就是说，你真的后悔了？

B. 哎，其实我也不知道怎么搞的，就分手了。他突然向我求婚，我根本没有准备，只告诉他让我冷静想想。

A. 你想了以后呢？你愿意嫁给他吗？

B. 我那时虽然不是百分之百愿意，但还是喜欢他的。可是他后来一直没有再来找我。

A. 那你应该找他呀？人家以为你不愿意嫁给他呢。

B. 我想，要是他真正爱我，他会来找我，会再争取，他不来，就是说他并不是真正爱我。

A. 哎呀，你们俩都太骄傲了。你真心爱他，就应该告诉他嘛，你看现在，后悔都来不及了吧，人家已经结婚了，你还单身，一个人多孤单。

B. 谁说我孤单，我有很多朋友，我每个星期都参加聚会，看电影，我的生活很丰富的。

A. 可是，说实话，阿华，你真的幸福吗？

B. 我，我也不知道。

(繁體 Traditional characters)

對話一

A. 媽，你不要再給我介紹男朋友了。我真沒想到，你今天竟然會把一個四十多歲的禿頂老頭兒邀請到家裏來。氣死我了！

B. 我邀請他來吃個飯也是爲你好啊！你都已經三十八歲了，不找四十多歲的，我找幾歲的？我總不能把你推銷給十八歲的年輕人吧！

A. 什麼？你在推銷我？我又不是商店裏賣的東西，你幹嗎推銷我，幹嗎急著把我賣出去嗎？

B. 不是要賣你。我只是希望你找個伴兒結婚，有一個幸福的家庭，別總是一個人生活。

A. 我一個人有什麼不好，爲什麼一定得有個伴兒？根據我的觀察，我的那些結了婚的朋友，婚姻一點也不幸福，最近還有幾個都離婚了。

B. 你這麼說也太絕對了吧，不幸福的只是少數，大多數婚姻還是很幸福的。你看我和你爸在一起不是很幸福嗎？

A. 反正你別爲我的事傷腦筋了，我要嫁人，我自己會找男朋友的。

B. 哪兒有你這麼找男朋友的，這個不行，那個也不行，你到底要找什麼樣的人？

A. 到時候你就知道了，反正我寧可一個人生活，也不要跟不喜歡的人結婚。

B. 這樣下去，你年紀越來越大，就越來越不容易找了。

A. 好了好了，你就別管我的事了，你好好享受你的退休生活吧。

對話二

A. 唉，你看這個小男孩怎麼樣？看樣子很活潑，很可愛啊。

B. 嗯，他眼睛似乎有毛病啊，怎麼一個大，一個小？

A. 嗯，是有點兒，不過，不仔細看也看不出來。可能他父母就是因爲這個小毛病才不要他，把他拋弃了。

B. 那我們還是再找一個吧，這眼睛有毛病，以後長大了很難找女朋友。

A. 那你看那邊那個小男孩，一個人安安靜靜地玩，很聽話啊。

B. 我們去看看。小朋友，你好？嗯？怎麼不說話呀？有點傻啊？

A. 可能他害怕陌生人。

B. 有可能，可是我估計他智商有問題，笨笨的，是個傻孩子。

A. 怎麼會呢？你就喜歡胡思亂想。

B. 我們得小心，我不想自己懷孕生孩子，就是因爲年齡大，不想冒險，怕孩子生出來有什麼毛病，現在我們決定領養，一定要認真看，找個正常，沒問題的。

A. 你想，這孤兒院裏的孩子，多半兒都是被父母拋弃的，多多少少都有些毛病。

B. 那我們只觀察女孩子，你知道，中國人重男輕女，有的孩子沒什麼毛病，只是因爲是個女的就被抛弃了。

A. 那不行，不管怎麼樣，我們都得領養個男孩子，我父母還等著抱孫子呢。

B. 什麼？原來你也重男輕女呀。

A. 我也沒辦法，我寧可領養一個眼睛有毛病的男孩，也不要領養一個身體正常的女孩。

B. 你太過分了。

對話三

A. 嗯，阿華，發什麼呆呢？今天聚會玩得不高興嗎？怎麼回來以後就不說話？

B. 今天晚上在聚會上我碰見以前的男朋友了。

A. 哦，又胡思亂想了？你們分手好幾年了，怎麼還記著他啊？他也象你一樣還單身嗎？

B. 他已經結婚半年了。看樣子，他太太好像懷孕了。

A. 哦，他太太也參加聚會了？

B. 是啊，他們倆看起來好像很有默契，一臉幸福的樣子。

A. 怎麼？你羨慕了？

B.（嘆氣）我也不知道，反正心裏不舒服。

A. 看來，你仍然愛人家。後悔跟人家分手了吧？

B. 事情已經發生了，後悔有什麼用。

A. 也就是說，你真的後悔了？

B. 哎，其實我也不知道怎麼搞的，就分手了。他突然向我求婚，我根本沒有準備，只告訴他讓我冷靜想想。

A. 你想了以後呢？你願意嫁給他嗎？

B. 我那時雖然不是百分之百願意，但還是喜歡他的。可是他後來一直沒有再來找我。

A. 那你應該找他？人家以爲你不願意嫁給他呢。

B. 我想，要是他真正愛我，他會來找我，會再爭取，他不來，就是說他幷不是真正愛我。

A. 哎呀，你們倆都太驕傲了。你真心愛他，就應該告訴他嘛，你看現在，後悔都來不及了吧，人家已經結婚了，你還單身，一個人多孤單。

B. 誰說我孤單，我有很多朋友，我每個星期都參加聚會，看電影，我的生活很豐富的。

A. 可是，說實話，阿華，你真的幸福嗎？

B. 我，我也不知道。

看小剧学动作动词 (看小劇學動作動詞)
Skit and Action Verbs

<h1 style="text-align:center;">嫁给我吧！</h1>

Watch the video (available at www.mychinesclass.com/video) to learn the action verbs and then retell the story in your own words.

Notes:
- 戒指 jièzhǐ: finger ring
- 嫁 jià: to marry a man (L2)
- 敢 gǎn: dare to
- 娶 qǔ: to marry a woman (L2)
- 手指 shǒuzhǐ: finger
- 紧/緊/jǐn: tight

动作动词用法/動作動詞用法

- **跪** | 跪 | guì | 你竟然让爸爸这么生气！跪下！/跪着和皇帝说话/ 他跪了下来，拿出戒指和女朋友求婚/起来吧！别跪着了！ | 你竟然讓爸爸這麼生氣！跪下！/跪著和皇帝說話/ 他跪了下來，拿出戒指和女朋友求婚/起來吧！別跪著了！
- **套** | 套 | tào | 套上戒指/套上一件毛衣/把脚套进鞋里 | 套上戒指/套上一件毛衣/把脚套進鞋裏
- **弯** | 彎 | wān | 手指别弯，不然这个戒指我套不上/下了太多的雪，树枝都弯了。/ 东西掉到桌子下了，她弯腰去拿。（See L7 动作动词） | 手指別彎，不然這個戒指我套不上/下了太多的雪，樹枝都彎了。/ 東西掉到桌子下了，她彎腰去拿。（See L7 動作動詞）
- **扶** | 扶 | fú | 扶老太太过马路/我扶你起来吧！/他的腿还没有好，得扶着东西才能慢慢地走几步 | 扶老太太過馬路/我扶你起來吧！/他的腿還沒有好，得扶著東西才能慢慢地走幾步
- **亲** | 親 | qīn | 亲嘴/男朋友在她脸上亲了一下。 | 親嘴/男朋友在她臉上親了一下。
- **牵** | 牽 | qiān | 牵手/牵一头牛/他们俩牵着手一起散步。/她的自行车坏了，没法骑，只能一路牵回家。 | 牽手/牽一頭牛/他們倆牽著手一起散步。/她的自行車壞了，沒法騎，只能一路牽回家。

Notes for sample sentences:
- 皇帝 huángdì: emperor
- 自行车/自行車/ zìxíngchē: bicycle
- 掉/ diào: to fall
- 腰/ yāo: waist; lower back

课后练习(課後練習) Go to Workbook for exercises: III. 动作动词填空 (動作動詞填空)

第九课 留学与移民/留學與移民

听录音回答问题 (聽錄音回答問題) Listening Comprehension

对话一 (對話一) Dialogue 1:

Listen to this conversation between Xiaowen and a friend about his dream of gaining admission to a U.S. college. Try to learn new words from context clues. The vocabulary you learn in this dialogue will help you comprehend the reading text in the later section.

做梦 | 硕士 | 录取 | 签证 | 成绩 (L4)
做夢 | 碩士 | 錄取 | 簽證 | 成績 (L4)
zuòmèng | shuòshì | lùqǔ | qiānzhèng | chéngjī

生词复习 (生詞複習)

- 吵 | 吵 | chǎo | noisy | L1
- 精神 | 精神 | jīngshén | spirit, energy | L1
- 奖学金 | 獎學金 | jiǎngxuéjīn | scholarship | L3
- 人家 | 人家 | rénjiā | (other) people | L1 口语用法
- 申请 | 申請 | shēnqǐng | to apply | L3
- 麻烦 | 麻煩 | máfan | trouble; troublesome |
- 本科生 | 本科生 | běnkē shēng | undergraduate student |
- 竞争 | 競爭 | jìngzhēng | to compete, competition | L3, L4
- 激烈 | 激烈 | jīliè | fierce | L3, L4
- 托福 | 托福 | Tuōfú | TOEFL |

- 如此 | 如此 | rúcǐ | like this | L8

根据对话一回答问题

- 小文的朋友昨天晚上为什么没睡好？小文呢？他睡得好吗？
- 小文昨晚的梦里，发生了什么事？
- 小文是大几的学生？他大学毕业后有什么打算？他在大学的学习怎么样？他上研究生院的机会大吗？

你的看法

- 在美国/或你的国家，读研究生需要做什么准备？你毕业以后想读研究生吗？为什么？
- 你觉得中国的大学生到美国来读研究生可能是为了什么？你觉得这些读了研究生的人应该留在美国吗？
- 对话里说到，有已经被美国学校录取的研究生没有申请到签证。你觉得有可能是因为什么？你对这样的事有什么看法？

（繁體）

根據對話一回答問題：

- 小文的朋友昨天晚上爲什麼沒睡好？小文呢？他睡得好嗎？
- 小文昨晚的夢裏，發生了什麼事？
- 小文是大幾的學生？他大學畢業後有什麼打算？他在大學的學習怎麼樣？他上研究生院的機會大嗎？

你的看法

- 在美國/或你的國家，讀研究生需要做什麼準備？你畢業以後想讀研究生嗎？爲什麼？
- 你覺得中國的大學生到美國來讀研究生可能是爲了什麼？你覺得這些讀了研究生的人應該留在美國嗎？
- 對話裏說到，有已經被美國學校錄取的研究生沒有申請到簽證。你覺得有可能是因爲什麼？你對這樣的事有什麼看法？

对话二 (對話二) Dialogue 2:

Listen to this conversation about Little Liu's change of job. Try to learn new words from context clues. The vocabulary you learn in this dialogue will help you comprehend the reading text in the later section.

合资 | 培训 | 偶尔 | 出差 | 管理 | 瞒
合資 | 培訓 | 偶爾 | 出差 | 管理 | 瞞
hézī | péixùn | ǒu'ěr | chūchāi | guǎnlǐ | mán

生词复习 (生詞複習)

- 主管 | 主管 | zhǔguǎn | supervisor | L2
- 换 | 換 | huàn | to change, to replace |
- 嫌 | 嫌 | xián | to look down, to dislike | L7
- 公司 | 公司 | gōngsī | company |
- 赚钱 | 賺錢 | zhuànqián | to make money | L1, L4, L5
- 待 | 待 | dài | to stay | L7
- 环境 | 環境 | huánjìng | surroundings, environment | L4, L5
- 做生意 | 做生意 | zuò shēngyì | to do business |
- 派 | 派 | pài | to send | L1
- 接受 | 接受 | jiēshòu | to accept | L2
- 丰富 | 豐富 | fēngfù | rich, abundant | L6, L8
- 值得 | 值得 | zhídé | worth it | L1, L3
- 态度 | 態度 | tàidù | attitude | L5
- 过分 | 過分 | guòfèn | excessive |
- 同事 | 同事 | tóngshì | colleague |
- 妻子 | 妻子 | qīzi | wife | L7

根据对话二回答问题

- 小刘为什么要换工作？他要到一家什么样的公司工作？
- 小刘进了新公司以后，可以马上开始正式工作吗？
- 小刘以后得因工作经常去日本吗？对于他的新工作，他太太是什么态度？

你的看法

- 你觉得一辈子都在同一个公司是件好事吗？在什么情况下，你会想要换工作？
- 你觉得对话里的男人，为什么瞒着他的太太不让她知道他换工作的事呢？在男女朋友或夫妻关系里，你认为有哪些事是应该瞒着对方或者一定不能瞒着对方的？
- 如果你结婚了，也有孩子，你会希望公司常派你出差或者到国外去接受培训吗？为什么？如果派的是你的先生或太太，你会支持吗？为什么？

(繁體)

根據對話二回答問題：

- 小劉爲什麼要換工作？他要到一家什麼樣的公司工作？
- 小劉進了新公司以後，可以馬上開始正式工作嗎？
- 小劉以後得因工作經常去日本嗎？對于他的新工作，他太太是什麼態度？

你的看法

- 你覺得一輩子都在同一個公司是件好事嗎？在什麼情況下，你會想要換工作？
- 你覺得對話裏的男人，爲什麼瞞著他的太太不讓她知道他換工作的事呢？在男女朋友或夫妻關係裏，你認爲有哪些事是應該瞞著對方或者一定不能瞞著對方的？
- 如果你結婚了，也有孩子，你會希望公司常派你出差或者到國外去接受培訓嗎？爲什麼？如果派的是你的先生或太太，你會支持嗎？爲什麼？

对话三 (對話三) Dialogue 3:

Listen to this conversation between David and Annie about his dilemma after discovering that he was accepted by Yale University. Try to learn new words from context clues. The vocabulary you learn in this dialogue will help you comprehend the reading text in the later section.

可惜 | 放弃 | 考虑 | 梦想 | 既然 | 重担
可惜 | 放棄 | 考慮 | 夢想 | 既然 | 重擔
kěxī/kěxí | fàngqì | kǎolǜ | mèngxiǎng | jìrán | zhòngdàn
节省 | 可怜 | 残酷 | 暂时 | 通讯 |
節省 | 可憐 | 殘酷 | 暫時 | 通訊 |
jiéshěng | kělián | cánkù | zhànshí | tōngxùn |

生词复习 (生詞複習)

- 恭喜 | 恭喜 | gōngxǐ | congratulations |
- 名校 | 名校 | míngxiào | famous school | L3
- 学费 | 學費 | xuéfèi | tuition |
- 头疼 | 頭疼 | tóuténg | headache |
- 申请 | 申請 | shēnqǐng | application | L3
- 奖学金 | 獎學金 | jiǎngxuéjīn | scholarship | L3
- 梦想 | 夢想 | mèngxiǎng | dream | L4
- 舍不得 | 捨不得 | shěbudé | reluctant | L3
- 退休 | 退休 | tuìxiū | to retire, retirement | L7
- 替 | 替 | tì | on behalf of, for, | L1
- 困难 | 困難 | kùnnán | difficulty |
- 幸福 | 幸福 | xìngfú | happiness | L8

- 顺利 | 順利 | shùnlì | smoothly | L5
- 照顾 | 照顧 | zhàogù | to take care of |
- 专业 | 專業 | zhuānyè | profession, school major |
- 何况 | 何況 | hékuàng | What's more | L3
- 政策 | 政策 | zhèngcè | policy | L2, L3
- 值得 | 值得 | zhídé | worth it | L1, L3
- 哎呀 | 哎呀 | āiyā | Oh! No! | L2 口语用法
- 愿意 | 願意 | yuànyì | willing | L2, L4
- 羡慕 | 羨慕 | xiànmù | to envy | L8
- 难道 | 難道 | nándào | (how) could it be? | L3 语法

根据对话三回答问题

- 大为家里的经济情况怎么样？为什么他被耶鲁(Yēlǔ)大学录取了，还感到头疼呢？安妮觉得大为可以怎么做？大为对安妮的主意有什么看法？
- 安妮觉得大为应该念什么专业？为什么？大为同意吗？

你的看法

- 你认为做父母的应该不应该帮孩子付大学的学费？研究生院的学费呢？为什么？
- 你的专业是什么？或者你想选什么专业？你觉得大学生在选择专业的时候最重要的是什么？他们该不该考虑专业对以后找工作的影响？为什么？

（繁體）
根據對話三回答問題：
- 大爲家裏的經濟情況怎麼樣？爲什麼他被耶魯(Yēlǔ)大學錄取了，還感到頭疼呢？安妮覺得大爲可以怎麼做？大爲對安妮的主意有什麼看法？
- 安妮覺得大爲應該念什麼專業？爲什麼？大爲同意嗎？
你的看法
- 你認爲做父母的應該不應該幫孩子付大學的學費？研究生院的學費呢？爲什麼？

- 你的專業是什麼？或者你想選什麼專業？你覺得大學生在選擇專業的時候最重要的是什麼？他們該不該考慮專業對以後找工作的影響？爲什麼？

听力生词 (聽力生詞) **Dialogue Vocabulary**

1. 录取 | 錄取 | lùqǔ | to admit students (application); to recruit | 录取新学生/录取新职员/他申请了五所学校，但一所也没录取他。/小林被法学院录取了。 | 錄取新學生/錄取新職員/他申請了五所學校，但一所也沒錄取他。/小林被法學院錄取了。

2. 硕士 | 碩士 | shuòshì | Master's degree (M.A.) | 硕士研究生/硕士毕业 | 碩士研究生/碩士畢業 | （研究生 yánjiūshēng: graduate student）

3. 签证 | 簽證 | qiānzhèng | visa | 工作签证/旅游签证/办签证/申请签证 | 工作簽證/旅游簽證/辦簽證/申請簽證

4. 瞒 | 瞞 | mán | to hide the truth from a person | 他瞒着父母去参加聚会。/别瞒我了，我已经知道了。/你是不是有什么事情瞒着我？ | 他瞞著父母去參加聚會。/別瞞我了，我已經知道了。/你是不是有什麼事情瞞著我？ （聚会/聚會 jùhuì: gathering, L8）

5. 管理 | 管理 | guǎnlǐ | to manage, to supervise; management | 管理这家公司/管理一所学校/商业管理/企业管理 | 管理這家公司/管理一所學校/商業管理/企業管理（商业/商業 shāngyè: business，L4，企业/企業 qǐyè: enterprise）

6. 出差 | 出差 | chūchāi | to go on a business trip | 他到美国出差去了。/他上个月出了三次差。/她出差了三个月。 | 他到美國出差去了。/他上個月出了三次差。/她出差了三個月。

7. 合资 | 合資 | hézī | joint-venture | 中日合资/中美合资/合资企业 | 中日合資/中美合資/合資企業

8. 培训 | 培訓 | péixùn | to train; training | 培训新老师/培训新职员 | 培訓新老師/培訓新職員(职员/職員 zhíyuán: employee)

9. 偶尔 | 偶爾 | ǒuěr | occasionally; once in a while | 我一般做美国饭，一两个月才偶尔做次中国饭。/我常常踢足球，偶尔也打篮球。 | 我一般做美國飯，一兩個月才偶爾做次中國飯。/我常常踢足球，偶爾也打籃球。

10. 放弃 | 放棄 | fàngqì | to give up; to quit | 放弃一个机会/放弃选举权/放弃奖学金/他放弃了原本的想法。/我不得不放弃了那段感情。 | 放棄一個機會/放棄選舉權/放棄獎學金/他放棄了原本的想法。/我不得不放棄了那段感情。 （选举/選舉 xuǎnjǔ: election, L5 权/權：right, L2，感情:love and relationship）

11. 节省 | 節省 | jiéshěng | to economize; to use sparingly; to save; frugal | 我们要节省时间。/(节)省下一定的生活费来帮助孤儿。/他生活节省。/她在穿着方面很节省。 | 我們要節省時間。/(節)省下一定的生活費來幫助孤兒。/他生活節省。/她在穿著方面很節省。 (孤儿/孤兒 gūér: orphan, L1)

12. 考虑 | 考慮 | kǎolǜ | to consider; to think over | 你考虑考虑他的话。/我考虑一下再告诉你我的决定。/我给你三天的时间考虑。/他们正在考虑搬回北京住。 | 你考慮考慮他的話。/我考慮一下再告訴你我的決定。/我給你三天的時間考慮。/他們正在考慮搬回北京住。

13. 重担 | 重擔 | zhòngdàn | heavy burden; heavy responsibility | 工作的重担/生活的重担/妻子挑起了教育孩子的重担。 | 工作的重擔/生活的重擔/妻子挑起了教育孩子的重擔。 （挑 tiāo: to put on shoulder, to carry）

14. 暂时 | 暫時 | zànshí | temporary; for the time being | 暂时的安排/暂时的需要/暂时的现象/你在这里暂时等一下，我马上就来。/目前的困难是暂时的，很快就过去了。 | 暫時的安排/暫時的需要/暫時的現象/你在這裏暫時等一下，我馬上就來。/目前的困難是暫時的，很快就過去了。 （安排 ānpái: to arrange, 现象/現象 xiànxiàng: phenomenon）

15. 残酷 | 殘酷 | cánkù | cruel; brutal | 残酷的人/残酷的伤害/残酷的行为/残酷的竞争/你这样对你的孩子，太残酷了。 | 殘酷的人/殘酷的傷害/殘酷的行爲/殘酷的競爭/你這樣對你的孩子，太殘酷了。 （伤害/傷害 shānghài: hurting, 行为/行爲 xíngwéi: behavior, L7，竞争/競爭 jìngzhēng: competition, L3）

16. 通讯 | 通訊 | tōngxùn | communication (of using electronic technology) | 电话通讯/网络(wǎngluò)通讯 | 電話通訊/網絡通訊

17. 既然 | 既然 | jìrán | since, if that's the case | 见语法 | 見語法

18. 可怜 | 可憐 | kělián | to have a pity on; pitiful; pitiable | 可怜的孩子/这个小孩真可怜。/我很可怜他，这么小就得赚钱养家。 | 可憐的孩子/這個小孩真可憐。/我很可憐他，這麼小就得賺錢養家。 (赚钱/賺錢 zhuànqián: to make money, L1, 养家/養家 yǎngjiā: to support the family)

19. 可惜 | 可惜 | kěxī (Taiwan: also kěxí) | unfortunately; it's a pity; it is too bad | 我想帮你，可惜我没时间。/这男孩长得很好看，可惜就是笨了点。/这工作不错，可惜离我家太远。 | 我想幫你，可惜我沒時間。/這男孩長得很好看，可惜就是笨了點。/這工作不錯，可惜離我家太遠。 (見口語用法)

口语用法 (口語用法) **Oral Expressions**

（复习）

- 那**可**真是个好梦啊！L1（"**可**" can be used as an adverb to emphasize tones of speaking in a few ways: 1) to imply the speakers' intention to clarify the matter or to highlight the focus of the matter. 2) to imply the unusualness, rareness, or unexpectedness of the case 3) to emphasizes the speaker's sincerity and degree of care when giving a warning, a request, or a reminder, usually with use of an auxiliary verb such as "要"、会"、"得"、or "别"）.

- **人家**说啊，被美国的大学录取难，录取以后要申请留学签证更麻烦。L1（"**人家**" is used very often in spoken language. It refers to two different meanings depending on the context: 1) "人家" means "the other people." It can stand alone or is used in front of a noun or pronoun to which "人家" refers. 2) "人家" can also refer to the speaker himself. In this context it carries a sense of complaint.）

- **可不是吗**？L5（"**可不是吗**" is like "exactly" or "that is right" in English when you agree strongly with someone）.

- **哎呀**！你这也不行，那也不行， L2（"**哎呀**" can be translated as "oh" or "oh my dear." It is a Chinese interjection used to show surprise. Sometimes the surprise is followed by worries or frustration）.

- **难道**你真的要放弃这个机会吗？ L3 语法（"**难道**" can be placed in front of or after a subject to create a rhetorical phrase meaning the contrary of what is said）.

(繁體) 那**可**真是個好夢啊！ |**人家**說啊，被美國的大學錄取難，錄取以後要申請留學簽證更麻煩。|**可不是嗎**？ |**哎呀**！你這也不行，那也不行 | **難道**你真的要放弃這個機會嗎？

1. 你现在才大学三年级，**用不着**想念硕士的事啊？（"**用不着**" means "unnecessary; do not need to"）.

这些东西已经**用不着**了，你收起来吧。
These things are unnecessary now. Why don't you put them away?

这考试一点也不难，你**用不着**紧张。
This exam is not hard at all. You don't need to be nervous.

这是我自己的事，**用不着**你管！

This is my own business. It's unnecessary for you to interfere.

(繁體) 你現在才大學三年級，**用不著**想念碩士的事啊？|這些東西已經**用不著**了，你收起來吧。|這考試一點也不難，你**用不著**緊張。|這是我自己的事，**用不著**你管！

2. **希望如此** (I hope so)

A: 别担心，他的病过两天就会好的。
B: **希望如此**。
A: Don't worry. He will get well in a few days.
B: I hope so.

A: 你试试人工受孕吧，说不定下个月就怀上了！
B: **希望如此**。
A: Why don't you try artificial insemination? Maybe you will get pregnant next month.
B: I hope so

(繁體) **希望如此**| A: 别擔心，他的病過兩天就會好的。B: **希望如此**。| A: 你試試人工受孕吧，說不定下個月就懷上了！B: **希望如此**。|

（复习）人工受孕 | 人工受孕 | réngōng shòuyùn | L8 | 怀（孕）| 懷（孕）| huáiyùn | L2

3. **怎么回事？** (What's wrong? What is the matter? What happened?)

你到底**怎么回事**？开口说话啊！
What's wrong with you? Talk to me!

都过了三年多了，我到现在还没搞清楚这是**怎么回事**。
It has been three years, but I still haven't figured out what happened.

不是说好了大家轮流(lúnliú)打扫的吗？他**怎么回事**？为什么不干呢？
Don't we have a deal that we take turns cleaning? What is the matter with him? Why doesn't he do it?

(繁體) **怎麼回事？** | 你到底**怎麼回事**？開口說話啊！| 都過了三年多了，我到現在還沒搞清楚這是**怎麼回事**。| 不是說好了大家輪流打掃的嗎？他**怎麼回事**？爲什麼不幹呢？

4. **哪里哪里，**日本公司的管理经验永远值得我们学习。("哪里" or "哪里，哪里" is a humble expression to use when given a compliment, which can be translated as "not at all." Literally, it means "where?" – This suggests that you couldn't possibly have been worthy of

the compliment. In a similar sense, "哪里" or "哪" can be used in front of a verb phrase to emphasize a negation.)

A: 你那两个孩子真是又活泼又可爱。
B: **哪里，哪里**，顽皮得很呢！
Your two children are really lively and cute.
Not at all. They are extremely naughty.

A: 你看，那女孩漂亮吧！
B: **哪 (里) 漂亮啊**！我看你的眼睛有问题。
Look, isn't that girl beautiful?
Are you kidding? I think your eyesight need to be examined.

你这**哪(里)**是在帮我。你是在给我找麻烦嘛！
You are not helping me at all by doing this. You are making trouble for me.

(繁體) **哪裏哪裏**，日本公司的管理經驗永遠值得我們學習。| A: 你那兩個孩子真是又活潑又可愛。B: **哪裏，哪裏**，頑皮得很呢！| A: 你看，那女孩漂亮吧！B: **哪 (裏) 漂亮啊**！我看你的眼睛有問題。| 你這**哪(裏)**是在幫我。你是在給我找麻煩嘛！

（复习）活泼 | 活潑 | huópō | L3 | 顽皮 | 頑皮 | wánpí | L1, L3

5. 你还需要培训啊？你的经验已经**挺**丰富了。(For Beijing people，"挺" is probably used more often than "很" in front of adjectives. "挺好，挺好" means "quite good" or "great").

他在中国的时候，朋友**挺**多的，怎么到了美国来，变得这么孤僻？
He had quite a few friends when he was in China, so how did he become so unsociable when he came to the U.S?

他看样子好像**挺**不高兴的。
He looks quite unhappy.

那老头**挺**温和(wēnhé)的，应该不会做出什么不三不四的事来。
The old man is quite gentle. I don't think he would do anything inappropriate.

(繁體) 你還需要培訓啊？你的經驗已經**挺**豐富了。| 他在中國的時候，朋友**挺**多的，怎麼到了美國來，變得這麼孤僻？| 他看樣子好像**挺**不高興的。| 那老頭**挺**溫和的，應該不會做出什麼不三不四的事來。

(复习) 孤僻 | 孤僻 | gūpì | L3 | 温和 | 溫和 | wēnhé | L7 | 不三不四 | 不三不四 | bù sān bù sì | L7

6. <u>要是申请到就好了，**可惜**没有。</u>("可惜" means "what a pity/ what a waste/ unfortunately").

差一点就可以说服他签字了，真**可惜**！
I almost convinced him to sign it. It's really a pity.

这孩子智商还可以，**可惜**就是眼睛有点小毛病。
This child's IQ is ok, but unfortunately, he has a little problem with his eyes.

别扔，这东西还可以用，扔了就**可惜**了。
Don't throw it away. This thing still has some good use. Throwing away is wasteful.

(繁體) 要是申請到就好了，**可惜**沒有。| 差一點就可以說服他簽字了，真**可惜**！| 這孩子智商還可以，**可惜**就是眼睛有點小毛病。| 別扔，這東西還可以用，扔了就**可惜**了。

(复习) 智商 | 智商 | zhìshāng | L8 | 毛病 | 毛病 | máobìng | L8 | 扔 | 扔 | rēng | L5

7. <u>**既然**考上了，就应该去。</u> ("既然" is used in the first sentence clause before or after the subject to bring up an existing fact and the acceptance of it. It can be translated as "since". "就", "那么", "则" are often used in the following clause to indicate the inference or conclusion. "既然…就/那么/则" can be translated as "since…., ….then.")

既然你让我多吃一点，我就不客气了!
Since you asked me to eat some more, I will gladly help myself. .

你**既然**答应领养那个孩子，就得好好负起照顾他的责任。
Since you agreed to adopt that child, you should carry on the responsibility to take good care of him.

(Sometimes the inference or conclusion in the second clause can be expressed by a question or a rhetorical question).

既然决定已经不能改变了，后悔有什么用呢？
Since the decision cannot be reversed now, what can regretting do?

既然你不相信我，干吗还问我？
If you don't believe me, why did you bother to ask?

(繁體) **既然**考上了，就應該去。| **既然**你讓我多吃一點，我就不客氣了! | 你**既然**答應領養那個孩子，就得好好負起照顧他的責任。| **既然**決定已經不能改變了，後悔有什麼用呢？| **既然**你不相信我，幹嘛還問我？

(复习) 领养 | 領養 | lǐngyǎng | L8 | 负责任 | 負責任 | fù zérèn | L3 | 后悔 | 後悔 | hòuhuǐ | L8

8. **不怎么样** (not especially good, not very good, so so).

A: 昨天的考试考得怎么样？
B: **不怎么样**。有六十分就不错了。
A: How did you do in the exam yesterday?
B: Not especially good. I'll feel lucky if I score more than 60.

他的第一段婚姻过得不太幸福，第二段婚姻好像也**不怎么样**。
His first marriage wasn't very happy. His second marriage didn't seem especially good, either.

(繁體) **不怎麼樣** | A: 昨天的考試考得怎麼樣？ B: **不怎麼樣**。有六十分就不錯了。 | 他的第一段婚姻過得不太幸福，第二段婚姻好像也**不怎麼樣**。

(复习) 婚姻 | 婚姻 | hūnyīn | L8 | 幸福 | 幸福 | xìngfú | L8

口语练习 (口語練習) **Oral Practice**

Use the oral expressions you learned for the role-play discussion

用不着/　希望如此/　怎么回事？/　哪里+ **Verb Phrase**/　可惜
不怎么样/　既然/　**A(adj/verb)**是A，可是...

1) A—你学中国历史，但你想到美国留学。
   B—你觉得 A 留在中国念研究生比较好。

2) A—你是对话二里的小刘(Liú)，下星期你就要到日本接受培训了，你今天得告诉太太你换工作了
   B- 你是小刘的太太。

3) A 和 B — 你们是男女朋友。你们都被某所名校录取，也都被某所不怎么样的大学录取了，但是 A 申请到了名校的奖学金，B 没有。你们讨论一下应该怎么办。

(繁體)
用不著/　希望如此/　怎麼回事？/　哪裏+ **Verb Phrase**/　可惜
不怎麼樣/　既然/　**A(adj/verb)**是A，可是...

1) A—你學中國歷史，但你想到美國留學。
   B—你覺得 A 留在中國念研究生比較好。
2) A—你是對話二裏的小劉(Liú)，下星期你就要到日本接受培訓了，你今天得告訴太太你換工作了
   B- 你是小劉的太太。
3) A 和 B — 你們是男女朋友。你們都被某所名校錄取，也都被某所不怎麼樣的大學錄取了，但是 A 申請到了名校的獎學金，B 沒有。你們討論一下應該怎麼辦。

听力文本 (聽力文本) Dialogue Transcripts

对话一

A. 小文，昨天晚上睡得怎么样？你的房间安静吗？

B. 我的房间很安静，我睡得跟在家里一样好，我还做了一个好梦呢，你怎么样？

A. 我的房间离酒吧很近，非常吵，我没睡好。我怕今天的旅游会没精神。嗯，先说说你做了什么好梦吧。

B. 我梦见我被美国大学录取了，他们不但要我，还给我奖学金呢。在梦里，我拿到了去美国的签证，正忙着买飞机票呢。

A. 那可真是个好梦啊！人家说啊，被美国的大学录取难，录取以后要申请留学签证更麻烦。

B. 是吗？我以为申请到美国的留学签证很容易呢！

A. 谁知道。我有个朋友，都已经被美国学校录取了，但就是拿不到签证，去不了美国。不过，你不是挺喜欢你现在念的大学吗？怎么还做梦被美国大学录取呢？

B. 我现在只是中国的大学本科生。我做梦上的是美国的硕士班。

A. 大学毕业后你想读美国的硕士啊。唉，奇怪，管他是中国还是美国的硕士班，你现在才大学三年级，用不着这么早就想上硕士的事啊？

B. 虽然大四才申请上研究生，读硕士，但那时候开始准备就来不及了，大三就得开始准备，有的人大二就开始准备了。

A. 怎么申请研究生的竞争也这么激烈啊？

B. 可不是吗？申请到美国读研究生的竞争更激烈。不但学习成绩好，英语也得好。

A. 不用担心，你大学的成绩很好，只要托福，ＧＲＥ成绩不错就行了。明年你一定能被美国大学录取。

B. 希望如此。

A. 好了好了，别想你的梦了，我们得赶快走了，别的人还在等着我们开始今天的旅游呢。

对话二

A. 小刘，刚才王主管告诉我你下星期就要离开我们公司了？怎么回事？

B. 哦，我找到了一个新工作。

A. 哦？想换工作？嫌这里赚钱太少吗？

B. 哪里，在这里待得太久了，想换换环境。

A. 那你要去的这家公司是个什么样的公司？

B. 是一家中日合资公司。

A. 中日合资？

B. 就是中国和日本一起出钱做生意的公司啊！

A. 哦，那合资做什么呢？

B. 电脑、照相机什么的。

A. 如果是中日合资，那偶尔你得到日本出差了？

B. 哎，哪里是偶尔，是经常。这不，下个月公司就派我到日本接受半年的培训。

A. 你还需要培训啊？你的经验已经挺丰富了。

B. 哪里哪里，我这点经验还不够，你知道，日本公司的管理经验永远值得我们学习。

A. 你这个新工作得常常出差，常常不在家，那你太太是什么态度？

B. 她还不知道我要换工作，等开始上班了再告诉她。

A. 什么？到现在你还瞒着她啊，你这先生也太过分了吧。

B. 没办法，没办法。小丽，你先别告她啊，让我想想怎么跟她说。

对话三

A. 大为，恭喜你啊，听说你被耶鲁大学录取了？那可是一所名校啊！

B. 咳，别恭喜了，安妮，我现在正为学费头疼呢。你知道，一年几万块钱的学费呢！

A. 哦？你没有申请到奖学金啊？

B. 要是申请到就好了，可惜没有。

A. 那你打算怎么办？放弃吗？

B. 我也不知道，正在考虑呢。

A. 上耶鲁这样的名校一直是你的梦想，既然考上了，就应该去，放弃了太可惜。

B. 我也舍不得放弃。可是你了解我们家的经济情况。我妈妈身体不好，已经退休好几年了，一家人的生活重担都在我爸爸一个人身上。

A. 是啊，你父母很不容易，我知道他们生活很节省，平时买件好衣服都舍不得。

B. 我父母太可怜了，如果我决定去上耶鲁，每年他们得替我付四万多块钱学费，四年就是十六、七万，我觉得我这样做对我父母太残酷了。

A. 我懂，不过，困难是暂时的，你大学很快就毕业了，到时候你就能赚很多钱，帮你父母过上幸福的日子。

B. 没那么容易，就算我大学毕业后能顺利找到工作，赚的钱也只够自己生活，不可能照顾父母。

A. 那不一定，得看你选择什么专业。听说学通讯专业毕业以后能赚很多钱，尤其是网络通讯。

B. 不行，不行，我对通讯一点都不感兴趣。我只喜欢历史、文学，何况耶鲁的通讯专业好像也不怎么样。

A. 嗯，我有个好主意，你可以向银行借钱。银行对学生有特别的政策。等你工作以后再慢慢还钱。怎么样？好主意吧？

B. 好是好，可是那我这些年压力多大啊？值得吗？

A. 哎呀，你这也不行，那也不行，难道你真的愿意放弃这个机会？多少个学生都在羡慕你呢，你再好好考虑考虑吧。

B. 好吧，谢谢你啊。

(繁體)
對話一

A. 小文，昨天晚上睡得怎麽樣？你的房間安靜嗎？

B. 我的房間很安靜，我睡得跟在家裏一樣好，我還做了一個好夢呢，你怎麽樣？

A. 我的房間離酒吧很近，非常吵，我沒睡好。我怕今天的旅游會沒精神。嗯，先說說你做了什麽好夢吧。

B. 我夢見我被美國大學錄取了，他們不但要我，還給我獎學金呢。在夢裏，我拿到了去美國的簽證，正忙著買飛機票呢。

A. 那可真是個好夢啊！人家說啊，被美國的大學錄取難，錄取以後要申請留學簽證更麻煩。

B. 是嗎？我以爲申請到美國的留學簽證很容易呢！

A. 誰知道。我有個朋友，都已經被美國學校錄取了，但就是拿不到簽證，去不了美國。不過，你不是挺喜歡你現在念的大學嗎？怎麽還做夢被美國大學錄取呢？

B. 我現在只是中國的大學本科生。我做夢上的是美國的碩士班。

A. 大學畢業後你想讀美國的碩士啊。唉，奇怪，管他是中國還是美國的碩士班，你現在才大學三年級，用不著這麽早就想上碩士的事啊？

B. 雖然大四才申請上研究生，讀碩士，但那時候開始準備就來不及了，大三就得開始準備，有的人大二就開始準備了。

A. 怎麽申請研究生的競爭也這麽激烈啊？

B. 可不是嗎？申請到美國讀研究生的競爭更激烈。不但學習成績好，英語也得好。

A. 不用擔心，你大學的成績很好，只要托福，ＧＲＥ成績不錯就行了。明年你一定能被美國大學錄取。

B. 希望如此。

A. 好了好了，別想你的夢了，我們得趕快走了，別的人還在等著我們開始今天的旅游呢。

對話二

A. 小劉，剛才王主管告訴我你下星期就要離開我們公司了？怎麽回事？

B. 哦，我找到了一個新工作。

A. 哦？想換工作？嫌這裏賺錢太少嗎？

B. 哪裏，在這裏待得太久了，想換換環境。

A. 那你要去的這家公司是個什麼樣的公司？

B. 是一家中日合資公司。

A. 中日合資？

B. 就是中國和日本一起出錢做生意的公司啊！

A. 哦，那合資做什麼呢？

B. 電腦、照相機什麼的。

A. 如果是中日合資，那偶爾你得到日本出差了？

B. 哎，哪裏是偶爾，是經常。這不，下個月公司就派我到日本接受半年的培訓。

A. 你還需要培訓啊？你的經驗已經挺豐富了。

B. 哪裏哪裏，我這點經驗還不夠，你知道，日本公司的管理經驗永遠值得我們學習。

A. 你這個新工作得常常出差，常常不在家，那你太太是什麼態度？

B. 她還不知道我要換工作，等開始上班了再告訴她。

A. 什麼？到現在你還瞞著她啊，你這先生也太過分了吧。

B. 沒辦法，沒辦法。小麗，你先別告她啊，讓我想想怎麼跟她說。

對話三

A. 大為，恭喜你啊，聽說你被耶魯大學錄取了？那可是一所名校啊！

B. 咳，別恭喜了，安妮，我現在正為學費頭疼呢。你知道，一年幾萬塊錢的學費呢！

A. 哦？你沒有申請到獎學金啊？

B. 要是申請到就好了，可惜沒有。

A. 那你打算怎麼辦？放弃嗎？

B. 我也不知道，正在考慮呢。

A. 上耶魯這樣的名校一直是你的夢想，既然考上了，就應該去，放弃了太可惜。

B. 我也捨不得放弃。可是你瞭解我們家的經濟情況。我媽媽身體不好，已經退休好幾年了，一家人的生活重擔都在我爸爸一個人身上。

A. 是啊，你父母很不容易，我知道他們生活很節省，平時買件好衣服都捨不得。

B. 我父母太可憐了，如果我決定去上耶魯，每年他們得替我付四萬多塊錢學費，四年就是十六、七萬，我覺得我這樣做對我父母太殘酷了。

A. 我懂，不過，困難是暫時的，你大學很快就畢業了，到時候你就能賺很多錢，幫你父母過上幸福的日子。

B. 沒那麼容易，就算我大學畢業後能順利找到工作，賺的錢也只夠自己生活，不可能照顧父母。

A. 那不一定，得看你選擇什麼專業。聽說學通訊專業畢業以後能賺很多錢，尤其是網絡通訊。

B. 不行，不行，我對通訊一點都不感興趣。我只喜歡歷史、文學，何況耶魯的通訊專業好像也不怎麼樣。

A. 嗯，我有個好主意，你可以向銀行借錢。銀行對學生有特別的政策。等你工作以後再慢慢還錢。怎麼樣？好主意吧？

B. 好是好，可是那我這些年壓力多大啊？值得嗎？

A. 哎呀，你這也不行，那也不行，難道你真的願意放弃這個機會？多少個學生都在羨慕你呢，你再好好考慮考慮吧。

B. 好吧，謝謝你啊。

看小剧学动作动词 (看小劇學動作動詞)
Skit and Action Verbs

别哭了！

Watch the video (available at www.mychinesclass.com/video) to learn the action verbs and then retell the story in your own words.

Notes:
- 狠心 | 狠心 | hěnxīn | heartless L9 阅读生词
- 抛弃 | 抛弃 | pāoqì | to abandon L9 阅读生词
- 毛巾 | 毛巾 | máojīn | towel
- 卫生纸 | 衛生紙 | wèishēngzhǐ | toilet paper
- 鼻涕 | 鼻涕 | bítì | nasal mucus
- 冰块儿 | 冰塊兒 | bīngkuàir | ice cube

动作动词用法/動作動詞用法
- **擦** | 擦 | cā | 吃完饭，擦擦嘴！/哎呀！切到手了，擦点药吧！/哭没有用！把眼泪擦干，面对问题。/服务员，这桌子没有擦干净，能再擦一遍吗？ | 吃完飯，擦擦嘴！/哎呀！切到手了，擦點藥吧！/哭沒有用！把眼淚擦乾，面對問題。/服務員，這桌子沒有擦乾淨，能再擦一遍嗎？
- **擤** | 擤 | xǐng | 她拿了张卫生纸，帮孩子把鼻涕擤干净。/你流鼻涕怎么不擤呢？脏死了！/他感冒鼻塞，想擤鼻涕但擤不出来。/他不停地擤鼻涕，把鼻子都擤红了。 | 她拿了張衛生紙，幫孩子把鼻涕擤乾淨。/你流鼻涕怎麼不擤呢？髒死了！/他感冒鼻塞，想擤鼻涕但擤不出來。/他不停地擤鼻涕，把鼻子都擤紅了。

- **躺** | 躺 | tǎng | 他们躺在草地上晒太阳。/这张床可以躺两个人。/你躺好，我给你盖被子。 | 他們躺在草地上曬太陽。/這張床可以躺兩個人。/你躺好，我給你蓋被子。
- **靠** | 靠 | kào | 她累了，靠着椅背就睡着了。/她把头靠在哥哥的肩膀上。 | 她累了，靠著椅背就睡著了。/她把頭靠在哥哥的肩膀上。
- **肿** | 腫 | zhǒng | 她哭了一天，把眼睛哭得又红又肿。/她被蚊子咬了，手上肿了好几个包。/拔了牙以后，他的右脸肿得很大。 | 她哭了一天，把眼睛哭得又红又腫。/她被蚊子咬了，手上腫了好幾個包。/拔了牙以後，他的右臉腫得很大。

- **敷** | 敷 | fū | 你快拿冰块儿把伤的地方敷一敷。/你的肩膀很紧，我帮你敷块热毛巾，放松一下。 | 你快拿冰塊兒把傷的地方敷一敷。/你的肩膀很緊，我幫你敷塊熱毛巾，放鬆一下。

Notes for sample sentences:
- 嘴 | 嘴 | zuǐ | mouth
- 死 | 死 | sǐ | to die, dead, death

48

- 切 | 切 | qiè | to cut, to slice
- 药 | 藥 | yào | medicine
- 眼泪 | 眼泪 | yǎnlèi | tears
- 流鼻涕 | 流鼻涕 | liú bítì | to have a runny nose
- 脏 | 髒 | zāng | dirty
- 鼻塞 | 鼻塞 | bísè | (to have a) nasal congestion
- 晒太阳 | 曬太陽 | shài tàiyáng | sunbathing
- 盖被子 | 蓋被子 | gài bèizi | to put the blanket on
- 伤 | 傷 | shāng | hurt
- 拔牙 | báyá | to pull the tooth out
- 蚊子 | wénzi| mosquitoes
- 咬 | yǎo | to bite
- 肩膀 | 肩膀 | jiānbǎng | shoulder
- 紧 | 緊 | jǐn | tight
- 放松 | 放鬆 | fàngsōng | to relax

课后练习(課後練習) Go to Workbook for exercises: III. 动作动词填空 (動作動詞填空)

第十课　成语和相声/成語和相聲

听录音回答问题 (聽錄音回答問題) Listening Comprehension

对话一 (對話一) Dialogue 1:

Listen to this conversation between David and his Chinese friend Xiaohua about the idioms his girlfriend used. Try to learn new words from context clues. The vocabulary you learn in this dialogue will help you comprehend the reading text in the later section.

成语 | 夜郎自大 | 典故 | 谦虚 | 坐井观天 | 猜 |指（指的是）
成語 | 夜郎自大 | 典故 | 謙虛 | 坐井觀天 | 指（指的是）
chéngyǔ | Yèláng zìdà | diǎngù | qiānxū | zuòjǐng guāntiān | cāi | zhǐ

生词复习 (生詞複習)

- 面子 | 面子 | miànzi | face |
- 解释 | 解釋 | jiěshì | explanation | L9
- 历史 | 歷史 | lìshǐ | history |
- 故事 | 故事 | gùshì | story |
- 古 | 古 | gǔ | ancient | as in 古代，古书/古書
- 伟大 | 偉大 | wěidà | great | L1
- 厉害 | 厲害 | lìhài | great |
- 事实 | 事實 | shìshí | fact | L9
- 骄傲 | 驕傲 | jiāo'ào | proud | L1
- 流利。 | 流利。 | liúlì. | fluent. |
- 讨厌 | 討厭 | tǎoyàn | hate | L3

- 井 | 井 | jǐng | well (n.)|
- 取 | 取 | qǔ | to take |
- 观察 | 觀察 | guānchá | to observe | L7
- 全部 | 全部 | quánbù | all | L3
- 程度 | 程度 | chéngdù | degree, level |
- 丢脸 | 丢臉 | diūliǎn | to lose face | also as 丢面子，没面子
- 看不起 | 看不起 | kànbùqǐ | to look down |
- 过分 | 過分 | guòfèn | excessive | L7 口语用法，太过分了！
- 知识 | 知識 | zhīshì | knowledge |
- 丰富 | 豐富 | fēngfù | rich, abundant | L6, L8

根据对话一回答问题

- 大为昨天用中文和女朋友聊天时，女朋友说了什么他不懂？为什么？他的朋友小华是怎么给他解释的？
- 小华又用了哪个成语说大为太骄傲了？请解释一下这个成语的意思。

你的看法

- 在英语或你知道的语言里，有哪些像"成语"这样的用法？有没有和历史典故有关的词语？举几个例子，并说一说它们的意思。
- 你知道哪些夜郎自大或者坐井观天的人？他们做过什么夜郎自大或坐井观天的事？

(繁體)

根據對話一回答問題：

- 大爲昨天用中文和女朋友聊天時，女朋友說了什麼他不懂？爲什麼？他的朋友小華是怎麼給他解釋的？
- 小華又用了哪個成語說大爲太驕傲了？請解釋一下這個成語的意思。

你的看法

- 在英語或你知道的語言裏，有哪些像"成語"這樣的用法？有沒有和歷史典故有關的詞語？舉幾個例子，並說一說它們的意思。
- 你知道哪些夜郎自大或者坐井觀天的人？他們做過什麼夜郎自大或坐井觀天的事？

对话二 (對話二) Dialogue 2:

Listen to this conversation about Little Zhang and Old Li about house shopping. Try to learn new words from context clues. The vocabulary you learn in this dialogue will help you comprehend the reading text in the later section.

犹豫 | 结构 | 下手 | 大体上
猶豫 | 結構 | 下手 | 大體上
yóuyù | jiégòu | xiàshǒu | dàtǐ shàng

生词复习 (生詞複習)

- 满意 | 滿意 | mǎnyì | satisfied | L6 不满
- 待 | 待 | dài | to stay | L7
- 麻烦 | 麻煩 | máfan | troublesome |
- 条件 | 條件 | tiáojiàn | condition | L4, L5
- 差 | 差 | chà | inferior, bad | L2
- 硕士 | 碩士 | shuòshì | Master's degree | L9
- 千万 | 千萬 | qiān wàn | in any case |
- 考虑 | 考慮 | kǎolǜ | to consider | L9
- 否则 | 否則 | fǒuzé | otherwise | L5
- 选择 | 選擇 | xuǎnzé | to select, to choose | L3
- 肯定 | 肯定 | kěndìng | to feel certain about, surely | L9
- 价格 | 價格 | jiàgé | price |
- 烦 | 煩 | fán | to bother, annoying | L7
- 随便 | 隨便 | suíbiàn | casual, random, informal; as one wishes; careless |
- 一阵子 | 一陣子 | yī zhènzi | for a while | L8
- 感受 | 感受 | gǎnshòu | to feel, feeling | L8

52

- 甚至 | 甚至 | shènzhì | even | L1
- 算了 | 算了 | suànle | forget it | L1 动作动词小剧
- 耐心 | 耐心 | nàixīn | patient | L7
- 租 | 租 | zū | rent | L4 租房
- 幸福 | 幸福 | xìngfú | lucky, blessed | L8
- 商量 | 商量 | shāngliáng | to discuss |
- 互相 | 互相 | hùxiāng | each other |
- 支持 | 支持 | zhīchí | to support | L5
- 惭愧 | 慚愧 | cánkuì | to feel ashamed | L9
- 态度 | 態度 | tàidù | attitude | L5

根据对话二回答问题

- 小张看的头两个房子，各有什么好的地方和不好的地方？她的朋友老李给了她什么建议？
- 小张觉得找到一个百分之百满意的房子重要吗？这阵子找房子的经验让她觉得怎么样？她先生对看房子是什么态度？她的朋友老李的先生当初在看房子的时候呢？

你的看法

- 你觉得一个让人满意的房子得有什么样的条件？如果有一座房子，大体上不错，但不是让你百分之百满意，你会买吗？为什么？
- 你觉得，在买什么样的东西的时候应该问问男朋友、爸爸妈妈，或者朋友们的看法？在买什么样的东西的时候，自己喜欢就行？为什么？

(繁體)
根據對話二回答問題
- 小張看的頭兩個房子，各有什麼好的地方和不好的地方？她的朋友老李給了她什麼建議？
- 小張覺得找到一個百分之百滿意的房子重要嗎？這陣子找房子的經驗讓她覺得怎麼樣？她先生對看房子是什麼態度？她的朋友老李的先生當初在看房子的時候呢？

你的看法
- 你覺得一個讓人滿意的房子得有什麼樣的條件？如果有一座房子，大體上不錯，但不是讓你百分之百滿意，你會買嗎？爲什麼？

- 你覺得，在買什麼樣的東西的時候應該問問男朋友、爸爸媽媽，或者朋友們的看法？在買什麼樣的東西的時候，自己喜歡就行？爲什麼？

对话三 (對話三) **Dialogue 3:**

Listen to this conversation between A-li and her boyfriend after Little Chen appeared in their lives. Try to learn new words from context clues. The vocabulary you learn in this dialogue will help you comprehend the reading text in the later section.

默不作声 | 一成不变 | 装聋作哑 | 生龙活虎 | 一败涂地 | 班门弄斧
默不作聲 | 一成不變 | 裝聾作啞 | 生龍活虎 | 一敗塗地 | 班門弄斧
mòbùzuòshēng | yīchéngbùbiàn | zhuānglóng zuòyǎ | shēnglónghuóhǔ | yībàitúdì | Bānménnòngfǔ
深藏不露 | 一见钟情 | 三心二意 | 一帆风顺 | 不闻不问 | 对牛弹琴
深藏不露 | 一見鍾情 | 三心二意 | 一帆風順 | 不聞不問 | 對牛彈琴
shēncáng bù lòu | yījiàn zhōngqíng | sānxīn'èryì | yīfānfēngshùn | bùwén bùwèn | duìniú tánqín

---

生词复习 (生詞複習)

- 感情 | 感情 | gǎnqíng | feeling, affection |
- 愿意 | 願意 | yuànyì | to be willing to | L2, L4
- 回答 | 回答 | huídá | to reply, answer |
- 球场 | 球場 | qiúchǎng | court | L1 一场球赛
- 怎么着 | 怎麼著 | zěnmezhe | what is it? | L4 口语用法 租房怎么着了?
- 不行吗 | 不行嗎 | bùxíng ma | L2 口语用法
- 球队 | 球隊 | qiú duì | (ball) team | L1
- 简直 | 簡直 | jiǎnzhí | simply | L5
- 球赛 | 球賽 | qiúsài | ball games | L1
- 冠军 | 冠軍 | guànjūn | champion | L3
- 干吗/干嘛 | 幹嗎/幹嘛 | gànma | why | L7 口语用法
- 骄傲 | 驕傲 | jiāo'ào | proud | L1
- 就是 | 就是 | jiùshì | is | L1 口语用法 他就是不听

55

- 改变 | 改變 | gǎibiàn | change | L1, L3
- 难道 | 難道 | nándào | is it | L3, L4
- 文学 | 文學 | wénxué | literature |
- 相信 | 相信 | xiāngxìn | to believe |
- 运动员 | 運動員 | yùndòngyuán | athlete | L1

根据对话三回答问题

- 阿丽为什么不愿意说他爱阿文？她是怎么跟阿文解释(jiěshì)的？
- 阿丽为什么喜欢看小陈打球？如果小陈和阿文比赛打篮球，阿丽觉得谁会赢(yíng)？为什么？
- 当初阿文和阿丽一见面就互相喜欢吗？他们的恋爱(liànài)出现过问题吗？现在阿丽为什么不喜欢阿文了？

你的看法

- 如果你觉得你的男朋友或者女朋友可能喜欢别人了，你会默不作声或是装聋作哑吗？为什么？如果你喜欢别人了，你的男朋友或者女朋友问你的时候，你会默不作声或是装聋作哑吗？为什么？
- 在你看来，是不是得相同的兴趣爱好才能做男女朋友？为什么？你会不会为你喜欢的人改变自己的兴趣爱好？为什么？

（繁體）
根據對話三回答問題：
- 阿麗爲什麼不願意說他愛阿文？她是怎麼跟阿文解釋的？
- 阿麗爲什麼喜歡看小陳打球？如果小陳和阿文比賽打籃球，阿麗覺得誰會贏？爲什麼？
- 當初阿文和阿麗一見面就互相喜歡嗎？他們的戀愛出現過問題嗎？現在阿麗爲什麼不喜歡阿文了？

你的看法
- 如果你覺得你的男朋友或者女朋友可能喜歡別人了，你會默不作聲或是裝聾作啞嗎？爲什麼？如果你喜歡別人了，你的男朋友或者女朋友問你的時候，你會默不作聲或是裝聾作啞嗎？爲什麼？
- 在你看來，是不是得相同的興趣愛好才能做男女朋友？爲什麼？你會不會爲你喜歡的人改變自己的興趣愛好？爲什麼？

听力生词 (聽力生詞) **Dialogue Vocabulary**

1. 谦虚 | 謙虛 | qiānxū | modest; modesty | 他是一个谦虚的人。/他很谦虚。/你应该谦虚一点！/谦虚使人进步。 | 他是一個謙虛的人。/他很谦虚。/你應該謙虛一點！/謙虛使人進步。 (使 shǐ: to make, to let happen)

2. 坐井观天 | 坐井觀天 | zuòjǐng guāntiān | to look into the sky from sitting in a well - limited outlook; to take a narrow view of things | 如果我们公司坐井观天，一定会在竞争中一败涂地。/你不要坐井观天，应该知道外边的世界更大。 | 如果我們公司坐井觀天，一定會在競爭中一敗塗地。/你不要坐井觀天，應該知道外邊的世界更大。（世界 shìjiè: world）

3. 夜郎自大 | 夜郎自大 | Yèlángzìdà | to be too proud of oneself out of ignorance; ignorant boastfulness; [Yelang people think their country is bigger than China] | 你虽然有了一点进步，但可不能夜郎自大，还得继续努力。/他太夜郎自大了，总是把自己当成世界的中心。 | 你雖然有了一點進步，但可不能夜郎自大，還得繼續努力。/他太夜郎自大了，總是把自己當成世界的中心。（继续/繼續 jìxù: to continue）

4. 典故 | 典故 | diǎngù | literary quotation | 历史典故/名人典故/成语典故/文学典故 | 歷史典故/名人典故/成語典故/文學典故

5. 猜 | 猜 | cāi | to guess | 你猜我今天给你买什么了？/我猜不出来。/你可以猜三次。/你猜错了。/我猜出来了。/你猜猜看？ | 你猜我今天給你買什麼了？/我猜不出來。/你可以猜三次。/你猜錯了。/我猜出來了。/你猜猜看？

6. 指 | 指 | zhǐ | to point to, to refer to | 你说的是哪个人？你给我指一下。/ "夜郎自大" 中 "夜郎" 指的是古代一个国家。/欧盟是指欧洲联盟。 | 你說的是哪個人？你給我指一下。/ "夜郎自大" 中 "夜郎" 指的是古代一個國家。/歐盟是指歐洲聯盟。（欧洲/歐洲 Ōuzhōu: Europe, L4 联盟/聯盟 liánméng, L1）

7. 下手 | 下手 | xiàshǒu | to put one's hand to; to start; to set about | 我想申请到美国留学，但不知道从哪儿下手。/她几次都想杀了那个色鬼，但总下不了手。 | 我想申請到美國留學，但不知道從哪兒下手。/她幾次都想殺了那個色鬼，但總下不了手。（申请/申請 shēnqǐng: to apply, 留学/留學 liúxué: to study abroad, L3 杀/殺 shā: to kill, 色鬼 sèguǐ: pervert, L7）

8. 犹豫不决 | 猶豫不決 | yóuyù bùjué | to remain undecided to poise; (犹豫 = to hesitate) | 我在犹豫要不要跟他们一起旅游。/你不要犹豫不决了，

来跟我们一起玩吧。/这个人干什么事都很犹豫，不适合当领导。|
我在犹豫要不要跟他们一起旅游。/你不要犹豫不决了，来跟我们一
起玩吧。/這個人幹什麼事都很猶豫，不適合當領導。（适合/適合 shìhé:
appropriate, fit well，领导/領導 lǐngdǎo: leader, L1）

9. 大体上 | 大體上 | dàtǐshàng | on the whole; roughly; by and large | 从大
体上说，这辆车还不错。/主管大体上同意了我们的要求。| 從大體
上說，這輛車還不錯。/主管大體上同意了我們的要求。（主管 zhǔguǎn:
manager, supervisor, L2）

10. 结构 | 結構 | jiégòu | structure; construction | 成语的结构/这个句子的结
构/房子的结构/这张桌子的结构很奇特。| 成語的結構/這個句子的結
構/房子的結構/這張桌子的結構很奇特。

11. 一见钟情 | 一見鍾情 | yījiàn zhōngqíng | fall in love at first sight | 小王
对小张一见钟情。/你相信一见钟情吗？/你觉得一见钟情的恋爱靠得
住吗？| 小王對小張一見鍾情。/你相信一見鍾情嗎？/你覺得一見鍾
情的戀愛靠得住嗎？（恋爱/戀愛 liànài，romantic love, 靠 kào to rely on, L7）

12. 生龙活虎 | 生龍活虎 | shēnglóng huóhǔ | doughty as a dragon and lively
as a tiger -- full of vim and vigor | 上课时她没什么精神，一下课她就
生龙活虎起来了。/年轻人嘛，就应该生龙活虎一点儿。| 上課時她
沒什麼精神，一下課她就生龍活虎起來了。/年輕人嘛，就應該生龍
活虎一點兒。

13. 对牛弹琴 | 對牛彈琴 | duìniútánqín | to play lute for the cow (to speak to
the wrong audience) | 我完全不懂电脑，你跟我谈电脑就像是对牛弹
琴。/你别对牛弹琴了，他根本听不懂。| 我完全不懂電腦，你跟我
談電腦就像是對牛彈琴。/你別對牛彈琴了，他根本聽不懂。（精神
jīngshén: energy, spirit, L1）

14. 不闻不问 | 不聞不問 | bùwénbúwèn | be indifferent to sth; neither care to
inquire nor to hear | 他是你的父亲，怎么能对你的生活完全不闻不问
呢？/他那不闻不问的态度让我非常生气。| 他是你的父親，怎麼能
對你的生活完全不聞不問呢？/他那不聞不問的態度讓我非常生氣。
（态度/態度 tàidù: attitude, L5）

15. 装聋作哑 | 裝聾作啞 | zhuānglóng zuòyǎ | to pretend to be ignorant of
sth.; pretend ignorance (聋: deaf; 哑: dumb) | 你不要跟我装聋作哑，我
今天一定得让你把话跟我说清楚。/父母让她做什么事情她都装聋作
哑。| 你不要跟我裝聾作啞，我今天一定得讓你把話跟我說清楚。
/父母讓她做什麼事情她都裝聾作啞。（清楚 qīngchǔ: clear）

16. 深藏不露 | 深藏不露 | shēncáng bú lòu | to hide one's great ability; to be modest about one's skill | 他这个人深藏不露，你不要以为他什么都不懂。/跟那种深藏不露的人打交道，我总是紧张。| 他這個人深藏不露，你不要以爲他什麼都不懂。/跟那種深藏不露的人打交道，我總是緊張。 （打交道 dǎjiāodào: to deal with）

17. 班门弄斧 | 班門弄斧 | Bānmén nòngfǔ | to display one's light skill (insignificant experience) before an expert; | 你别在这些专家面前班门弄斧了，你会闹笑话的。/虽然我会弹钢琴，可我真不敢在你们面前班门弄斧。| 你别在這些專家面前班門弄斧了，你會鬧笑話的。/雖然我會彈鋼琴，可我真不敢在你們面前班門弄斧。 （专家/專家 zhuānjiā: expert, 闹笑话 鬧笑話 nàoxiàohuà: to make a joke of oneself, L10 阅读生词）

18. 一帆风顺 | 一帆風順 | yìfān fēngshùn (Taiwan: yìfánfēngshùn) | as smooth and pleasant as a perfect sailing | 他在工作上虽然一帆风顺，但在婚姻生活上，却有一大堆的问题。/祝愿你生活一帆风顺！| 他在工作上雖然一帆風順，但在婚姻生活上，却有一大堆的問題。/祝願你生活一帆風順！ （婚姻 hūnyīn: marriage，堆 duī: pile）

19. 一败涂地 | 一敗塗地 | yíbàitúdì | to suffer a crushing defeat; to suffer a complete loss | 那次战争，中国真是一败涂地。/那次比赛我们球队把另一个球队打得一败涂地。| 那次戰爭，中國真是一敗塗地。/那次比賽我們球隊把另一個球隊打得一敗塗地。 （战争/戰爭 zhànzhēng: war, L4, L6）

20. 一成不变 | 一成不變 | yìchéng búbiàn | invariable; immutable and never-changing | 这种一成不变的日子我真过够了，我想换换环境。/世界上没有一成不变的爱情。| 這種一成不變的日子我真過夠了，我想換換環境。/世界上沒有一成不變的愛情。 （换/换 huàn：to change, to replace）

21. 三心二意 | 三心二意 | sānxīnèryì | cannot make up one's mind; to be of two minds | 你再三心二意，机会就没了。赶快做决定吧！/我看你就好好在这个公司工作吧，不要再三心二意了。/她对你那么好，你要是对人家三心二意，就太对不起人家了。| 你再三心二意，機會就沒了。趕快做決定吧！/我看你就好好在這個公司工作吧，不要再三心二意了。/她對你那麼好，你要是對人家三心二意，就太對不起人家了。

口语用法 (口語用法) Oral Expressions

(复习/複習)

- **怎么着？**我去看他打球不行吗？("怎么着" is used to response to negative comment or doubting, meaning "So what?"). See L4 口语用法：租房怎么着了？

- 你不懂**干吗**不问你女朋友啊？("干吗" (also written as 干嘛) is a colloquial way to say "why." It is used in front of a verb or at the end of the sentence. When you use "干吗", you are not only asking for the reason, you are also indicating that you disagree with the thing you are questioning. It is similar to "干什么", especially when used at the end of the sentence. "干什么" means "what are/is you/[subject] doing?"). **See L7:** 他是逃犯，我们是警察，我们**干吗**躲啊？

- A: 你快给我解释解释吧。B. **好吧好吧**。("好吧" can be translated as "all right," or "okay" here. It is used to show that a previous request or suggestion is not perfect but is nevertheless acceptable to the speaker).**See L1:** **好吧**，我这个星期六就跟你们一起打！

- 我**就是**喜欢他在球场上那生龙活虎的样子。("就" in the second clause of the above sentence expresses strong determination). See L1: 我早就告诉她爸爸喝了酒以后开车会出车祸，可是他**就**是不听。

- **难道**他比我更懂你？("难道" can be placed in front of or after a subject to create a rhetorical phrase meaning the contrary of what is said). See L3 语法：申请名校，拿奖学金，**难道**就等于一生的成功吗？

(繁體) **怎麼著？**我去看他打球不行嗎？|租房怎麼著了？|你不懂**幹嘛**不問你女朋友啊？|他是逃犯，我們是警察，我們**幹嘛**躲啊？|A: 你快給我解釋解釋吧。B. **好吧好吧**。|**好吧**，我這個星期六就跟你們一起打！|我**就**是喜歡他在球場上那生龍活虎的樣子|我早就告訴她爸爸喝了酒以後開車會出車禍，可是他**就**是不聽。|**難道**他比我更懂你？|申請名校，拿獎學金，**難道**就等于一生的成功嗎？

1. 总是问她，<u>多**没面子**啊</u>。("面子" means "reputation, face, self-respect". If something "让你有面子", that's something makes you proud. If you feel "没面子", you feel that you lose your face. If you "给 Sb. 面子", you take care not to offend one's susceptibility).

丢了工作让我挺**没面子**的，你别到处跟人说去。
Losing the job made me lose my face. Don't tell around people.

儿子呀！你好好学。你想想，要是拿个第一，老爸多**有面子**！
My son, you have to study hard. Think that, if you win first place, how proud I will be as the father of yours.

邀请你你怎么不来呢？真是**不给我面子**！

I invited you, why didn't you come? You disappointed and embarrassed me.

(繁體) 總是問她，多**沒面子**啊。|丟了工作讓我挺**沒面子**的，你別到處跟人說去。|兒子呀！你好好學。你想想，要是拿個第一，老爸多**有面子**！|邀請你你怎麼不來呢？真是**不給我面子**！

(复习) 丢 | 丢 | diū | D1 丢脸 邀请 | 邀請 | yāoqǐng | L8

2. "夜郎"在这里**指的是**古代一个叫"夜郎"的国家。("指的是…" or "…是指" means "to refer to").

A: "小秘" 是什么意思？
B: 小秘**是指**大老板们在办公室里养的情人。
What does "小秘" refer to?
"小秘" refers to those office secretaries with whom the boss has affairs with.

我说的女强人**指的是**她，不是指你。
When I said "strong woman", I meant her, not you.

(繁體) "夜郎"在這裏**指的是**古代一個叫"夜郎"的國家。|A: "小秘" 是什麼意思？B: 小秘**是指**大老闆們在辦公室裏養的情人。|我說的女强人**指的是**她，不是指你。

(复习) 小秘 | 小秘 | xiǎo mì | L2 | 情人 | 情人 | qíngrén | L2 | 女强人 | 女强人 | nǚ qiángrén | L2

3. **没错！** ("That's right!" "That's correct!"，"Exactly")

A: 我想，这件事对她心灵的成长有很大的影响。
B: **没错**，她这一辈子都忘不了这个伤痛的。
I think this incident has a big impact on the development of her mind.
You are right. She won't forget this pain her whole life.

A: 在他们家，挑起生活重担是他的母亲
B: **没错**。她父亲一点责任感都没有。
In his family, it is his mother who carries the burden of supporting the family.
That's right. His father doesn't have a sense of responsibility at all.

(繁體) **沒錯**！|A: 我想，這件事對她心靈的成長有很大的影響。B: **沒錯**，她這一輩子都忘不了這個傷痛的。|A: 在他們家，挑起生活重擔是他的母親 B: **沒錯**。她父親一點責任感都沒有。

(复习) 心灵 | 心靈 | xīnlíng | L4, L5, L9 | 一辈子 | 一輩子 | yībèizi | L8 | 伤痛 | 傷痛 | shāng tòng | L8 | (复习)

61

挑 | 挑 | tiāo | L9 | 重担 | 重擔 | zhòngdàn | L9 | 责任感 | 責任感 | zérèngǎn | L3

4. 我告诉你啊！学校不好的房子千万不要考虑。　("我告诉你啊" means "Let me tell you…"; listen to me". It is used when you give a warning or a clarification).

我告诉你啊！你再不乖(guāi) 点儿，我可要教训人了！
Let me tell you, if you don't behave, I'll teach you a lesson.

我告诉你啊！老张已经向我求婚了，从今以后你别再来烦我了！
Let me tell you, Old Zhang proposed to me already. From now on, don't bother me any more.

我告诉你啊！我是自己不想干了，不是让人逼走的！
Let me tell you, I myself didn't want to stay in the job. Nobody forced me to leave.

 (繁體) **我告訴你啊！**學校不好的房子千萬不要考慮.|**我告訴你啊！**你再不乖點兒，我可要教訓人了！|**我告訴你啊！**老張已經向我求婚了，從今以後你別再來煩我了！|**我告訴你啊！**我是自己不想幹了，不是讓人逼走的！||差不多就行了，不可能有百分之百讓你滿意的房子。

(复习) 千万 | 千萬 | qiān wàn | L2 口语用法 | 考虑 | 考慮 | kǎolǜ | L9 | *乖 | 乖 | guāi | L3 听话 | 教训 | 教訓 | jiàoxùn | L7 | 求婚 | 求婚 | qiúhūn | L8 | 烦 | 煩 | fán | L7 | 干 | 幹 | gàn | L9 | 逼 | 逼 | bī | L3

5. 差不多就行了, 不可能有百分之百让你满意的房子。(When you say "差不多就行了", you think something less perfect should also do, or you ask someone not to be too picky, too greedy, or too ambitious, etc).

差不多就行了，别那么讲究！
The difference is not that great. Don't be so picky.

念吧！这所大学虽不算是个名校，但**差不多也就行了。**
Why don't you go to that university? Thought it's not a famous school, it's not that bad either.

你那么用功干什么？成绩**差不多就行了**，难道你要考一百分呀？
Why do you study so hard? a mediocre score is enough. Do you think you can get a hundred on your test?

(繁體) **差不多就行了，**別那麼講究！|念吧！這所大學雖不算是個名校，但**差不多也就行了。**|你那麼用功幹什麼？成績**差不多就行了**，難道你要考一百分呀？

(复习) 讲究 | 講究 | jiǎngjiù | L2 | 名校 | 名校 | míngxiào | L3 | 成绩 | 成績 | chéngjī | L4, L9

6. 这买房子的事都快**把我烦死了**。 (**"死了"** can also be used after a verb to exaggerate the degree. The pattern is **"(把) + Sb. + V+ 死了"**. See also Adj.+ 死了 in Lesson 3 口语用法)

找房子这事快**把我烦死了**。
I'm almost agonized to death looking for a house.

你不知道他那个傻样子，简直**把我笑死了**。
You don't know how silly he was. I almost laughed to death.

我的小宝贝，你终于回来了，真是**把奶奶想死了**。
My baby, you finally came back. You really made Grandma miss you to death.

(复习) 傻 | 傻 | shǎ | L7 | 简直 | 簡直 | jiǎnzhí | L5 | *宝贝 | 寶貝 | bǎobèi | 终于 | 終於 | zhōngyú | L1, L3

(繁體) 這買房子的事都快**把我煩死了**。|找房子這事快**把我煩死了**。|你不知道他那個傻樣子，簡直**把我笑死了**。|我的小寶貝，你終于回來了，真是**把奶奶想死了**。

7. **慢慢来**, 小张，一定能买到你满意的。(**"慢慢来"** means "take it easy; slow down, don't rush". It is often used to comfort or remind the others).

找男朋友这种事得**慢慢来**，不能急。
Things like finding a boyfriend have their own pace. You can't rush.

你小心点，**慢慢来**，别把汤给洒了。
Be careful, go slowly, and don't spill the soup.

先别急着做决定，咱们**慢慢来**，先听听那老头怎么说。
Don't rush to make the decision. Let's slow down. Listen to what the old man says first.

(繁體) **慢慢來**, 小張，一定能買到你滿意的。|找男朋友這種事得**慢慢來**，不能急。|你小心點，**慢慢來**，別把湯給灑了。|先別急著做決定，咱們**慢慢來**，先聽聽那老頭怎麼說。

(复习) 急 | 急 | jí | L2 急于/急於 | *汤 | 湯 | tāng | *洒 | 灑 | sǎ | 咱们 | 咱們 | zánmen | 老头 | 老頭 | lǎotóu | L7

8. 有时候真想随便买一座房子**算了**。(**"算了"** can be used alone meaning "forget it; or "let it go at that". When you use **"算了"** after a verb phrase, you suggest an undesired but the best solution to the given situation). See also L1 动作动词小剧

这么贵？**算了**，别买了吧！

Is it this expensive? Forget it. Don't buy it.

算了！别人要说我们的闲话就让他们说吧！你生气有什么用呢？
Let it be. If other people want to gossip about us, you can just let them do so. Being angry is not helpful.

你要是真不喜欢我，咱们分手算了。
If you really do not like me, it might be better for us to break up.

他不支持算了，反正我要参加这个组织。
Just drop the matter if he doesn't support it. I will join this organization anyway.

没想到办个签证这么麻烦，算了，我们还是别去办了。
I didn't expect this much trouble for getting a visa. Maybe it's better for us not to go.

(繁體) 有時候真想隨便買一座房子算了。|這麼貴？算了，別買了吧！|算了！別人要說我們的閒話就讓他們說吧！你生氣有什麼用呢？|你要是真不喜歡我，咱們分手算了。|他不支持算了，反正我要參加這個組織。|沒想到辦個簽證這麼麻煩，算了，我們還是別去辦了。

(复习) 闲话 | 閒話 | xiánhuà | L7 | 分手 | 分手 | fēnshǒu | L8 | 支持 | 支持 | zhīchí | L5 | 组织 | 組織 | zǔzhī | L2, L5 | 签证 | 簽證 | qiānzhèng | L9

9. 他这样做就不对了，回头我跟他谈谈。("回头" literally means: "to turn one's head. However, in spoken Chinese, it can also be used as a time phrase, meaning "later").

我得走了，回头再跟你聊。
I have to go. Talk to you later.

怎么能吸毒呢？你回头见了他得好好跟他说说。
How can he use drugs? You have to have a good talk with him when you see him later.

你考虑考虑，要是同意了，我回头让人事处给你办手续。
You may consider it. If you agree, I'll ask the human resource department to help you with the process.

(繁體) 他這樣做就不對了，回頭我跟他談談。|我得走了，回頭再跟你聊。|怎麼能吸毒呢？你回頭見了他得好好跟他說說。|你考慮考慮，要是同意了，我回頭讓人事處給你辦手續。

(复习) 吸毒 | 吸毒 | xīdú | L9 | 手续 | 手續 | shǒuxù | L8

64

10. **哼！好男人不怕找不到女朋友。** ("哼" is spelled as "hèng" in Pinyin , but pronounced with a stronger nasal sound. It is used to give a snort of contempt when you belittle someone).

哼！ 在外商通讯公司工作有什么了不起的？
Heng! What is great about working in a foreign communication company?

哼！ 不派我去受培训有什么？我一点也不在乎！
Heng! What makes it a big deal that they don't send me for the training? I don't care about it at all.

(繁體) **哼！** 好男人不怕找不到女朋友。|**哼！** 在外商通訊公司工作有什麼了不起的？|**哼！** 不派我去受培訓有什麼？我一點也不在乎！

(复习) 通讯 | 通訊 | tōngxùn | L9 | 派 | 派 | pài | L1 | 培训 | 培訓 | péixùn | L9

11. **谁知道**你是不是在说大话。 ("谁知道" means "who knows". It can be followed by a phrase or a question to indicate one's doubt, surprise or indifference. "说大话" means to boast).

他说他很惭愧，**谁知道**是不是真的。
He said he was ashamed. Who knows if it's true?

我本来以为他放弃了。**谁知道**他好强得很，又跑来找我挑战。
I thought he gave up at an early stage. Who knows that he is so eager to win, and he would come to challenge me again.

你饿了就先吃吧，别等你爸爸了，**谁知道**他什么时候回来。
If you are hungry, you can go ahead and eat. Don't wait for your Dad. Who knows when he will come back?

(繁體) **誰知道**你是不是在說大話。|他說他很慚愧，**誰知道**是不是真的。|我本來以爲他放弃了。**誰知道**他好强得很，又跑來找我挑戰。|你餓了就先吃吧，別等你爸爸了，**誰知道**他什麼時候回來。

(复习) 惭愧 | 慚愧 | cánkuì | L9 | 放弃 | 放弃 | fàngqì | L9 | 好强 | 好强 | hàoqiáng | L9 | 挑战 | 挑戰 | tiǎozhàn | L4, L5 | 饿 | 餓 | è |

12. **你死了这条心吧！** (When you say "死了这条心吧！", you tell someone to stop hoping. In our dialogue, the woman said "你对我死了这条心吧" to tell the man it is impossible for her to return to him).

你死了留学**这条心吧！**

Stop hoping to study abroad.

你**死了这条心吧**！她是不可能原谅你的。
Stop hoping. It is impossible for her to forgive you.

(繁體) **你死了這條心吧**！|你**死了留學這條心吧**！|你**死了這條心吧**！她是不可能原諒你的。

(复习)
留学 | 留學 | liúxué | 原谅 | 原諒 | yuánliàng | L9

口语练习 (口語練習) Oral Practice

Use the oral expressions you learned for the role-play discussion

有面子/没面子 /　　指的是... /是指... /　　没错，... /　我告诉你啊，...
差不多就行了/　　把我 Verb 死了/　　说实在的/　慢慢来/ (...)算了
回头... /　哼！/　你少说大话/　谁知道.../　死了这条心吧

1.　A- 你是中国人，喜欢用成语。你觉得美国人太骄傲了，以为自己是世界警察。B-　你是美国人，讨厌用成语。你觉得中国人太骄傲了，总以为中国文化最好。

2.　A- 你想赶快买个房子，但看了几所还是做不了决定。B- 你当初买房子没考虑清楚，现在后悔了，你想给 A 一点建议。

3.　A- 你喜欢上另一个男孩子，但你还没有准备好怎么跟你现在的男朋友说。B- 你发现你女朋友特别喜欢去看某个男人打球，你想告诉她你比那个男人好。

(繁體)

有面子/沒面子 /　　指的是... /是指... /　　沒錯，... /　我告訴你啊，...
差不多就行了/　　把我 Verb 死了/　　說實在的/　慢慢來/ (...)算了
回頭... /　哼！/　你少說大話/　誰知道.../　死了這條心吧

1.　A- 你是中國人，喜歡用成語。你覺得美國人太驕傲了，以爲自己是世界警察。B-　你是美國人，討厭用成語。你覺得中國人太驕傲了，總以爲中國文化最好。

2.　A- 你想趕快買個房子，但看了幾所還是做不了決定。B- 你當初買房子沒考慮清楚，現在後悔了，你想給 A 一點建議。

3.　A- 你喜歡上另一個男孩子，但你還沒有準備好怎麼跟你現在的男朋友說。B- 你發現你女朋友特別喜歡去看某個男人打球，你想告訴她你比那個男人好。

听力文本 (聽力文本) Dialogue Transcripts

对话一

A.小华，昨天我跟我的女朋友聊天的时候，她说我"夜郎自大"，这"夜郎自大"是什么意思？

B.嗯，大为，你不懂干吗不问你女朋友啊？

A.你不知道，我女朋友在学英文，我在学中文，可是她的英文比我的中文进步快多了，总是问她，多没面子啊。你快给我解释解释吧。

B.好吧好吧，"夜郎自大"是个成语，但这个成语是一个历史典故。

A.什么是典故？

B.典故就是历史上的故事或者古书上的东西。

A.哦，那这个典故是个什么故事？

B.别急，大为，你先告诉我"夜郎自大"这四个字是什么意思？

A."夜"我知道就是"晚上"，"郎"是"男人"，"自"是"自己"的自。"自大"是什么？是不是自己觉得自己很伟大？很厉害？

B.嗯，每个字你都解释对了，但"夜郎"在这里指的是古代一个叫"夜郎"的国家。

A.哦，有叫"夜郎"的国家？

B.对，在中国的西南部。那时这个国家的国王以为他们国家最大，其实他们国家很小。

A.哦，我懂了，说一个人"夜郎自大"是说他不了解事实，太骄傲了，不够谦虚。

B.没错，你也可以说一个人很"自大"，意思跟"夜郎自大"一样。那你告诉我，你女朋友为什么说你夜郎自大呀？

A.我，我告诉她在我们班，我的中文最流利。

B.哈哈，大为，你真是夜郎自大，坐井观天啊。

A.等等，小华，怎么又出来个"坐井观天"，也不是什么好话吧？是什么意思？

B.你猜一猜啊？

A.真讨厌，你不告诉我，要我猜！恩..."井"我知道，很多地方人们从井里取地下水喝，"观"就是"观察"的"观"，意思是"看"，"坐井观天"就是坐在井里看天。

B.对，你想想，你坐在井里看天，你能看到全部的天吗？

A.当然不能，只能看到一点点。哦，如果你说一个人"坐井观天"，那是说他对事实不够了解，看不到全部。你是说我以为自己的中文程度还不错，但我看到的只是自己身边这些人，忘了外边还有别的班，别的学校？

B.哈！你现在又多学会一个成语了。

对话二

A.早，小张。

B.早，老李。嗨，上次说的房子你决定买了吗？

A.唉，还在犹豫呢，我对那座房子的结构不太满意。你想想，一楼没有厕所，多不方便啊。

B.是不方便。除了睡觉，大多数时间都待在楼下，跑到楼上上厕所，太麻烦了。

A.另一座房子结构很好，可是那儿的学校条件很差，而且只有一个老师是硕士毕业。

B.唉，我告诉你啊，要是学校不好，房子千万不要考虑，否则孩子肯定上不了好大学。那你还有没有别的选择？

A.还有一座房子，有点小，不过结构、价格等方面我都很满意。

B.那就赶快下手吧，不要犹豫不决。差不多就行了，不可能有百分之百让你满意的房子。

A.是啊，我知道，大体上满意就不错了，不可能百分之百满意。说实在的，这买房子的事都快把我烦死了。

B.慢慢来，小张，一定能买到你满意的。

A.有时候真想随便买一座算了，这一阵子每个周末都得出去看房子。

B. 我那时候跟你现在感受一样，甚至觉得算了算了，不买了。好在我先生有耐心，要不然我们现在还在租房子住呢。

A. 你幸福啊，我先生比我还没耐心。看了两三次房子就烦了。有时候跟他商量，他也没耐心听。真让人生气。

B. 他这样做就不对了，回头我跟他谈谈，我年纪大，他可能听我的。

A. 那先谢谢你了，老李。

对话三

A. 你爱我吗？阿丽，说话呀，怎么默不做声呢？

B. 阿文，人的感情不是一成不变的，我现在说爱你，明天有可能就不爱你了，你就别再问了。

A. 你不愿意回答，是不是因为你心里有别人了？

B. 什么别人？

A. 你别再给我装聋作哑了，昨天你是不是又去看小陈打球去了？

B. 我就是喜欢他在球场上那生龙活虎的样子，怎么着，我去看他打球不行吗？

A. 你，你别真以为小陈球打得好，哪天让我来跟他来比比，一定把他打得一败涂地。

B. 哼，你少说大话，小陈是学校篮球队的，你跟他打，简直是班门弄斧。

A. 你看过我打球吗？高中的时候，我们球队常常拿球赛冠军呢。

B. 那你干吗一直深藏不露？

A. 我一直深藏不露是因为我不想让别人觉得我太骄傲，

B. 哼，谁知道你是不是在说大话。不管怎么样，我就是喜欢看小陈打篮球。

A. 阿丽，不要再想小陈了好不好？你知道，我对你一见钟情，从我们认识的第一天起，我对你的爱就从来没有改变过。

B. 我知道，可是...

A. 我这么爱你，你还三心二意，做不了决定？你想想，你认识小陈以前，我们的爱情也是一帆风顺的，我们在一起多高兴啊...

B. 好了好了，阿文，我知道你很爱我，可是我需要一个懂我的人。我喜欢小陈，也不是因为他球打得好。

A. 难道他比我更懂你？

B. 你知道，我喜欢文学，喜欢历史，可是你对历史文学方面的东西总是不闻不问，和你谈文学，就像对牛弹琴，但小陈...

A. 小陈怎么样？我就不相信他一个运动员会比我更喜欢文学和历史。阿丽，我告诉你啊，像我这样的好男人并不多。

B. 哼，好男人不怕找不到女朋友，你对我就死了这条心吧。

(繁體)
對話一

A. 小華，昨天我跟我的女朋友聊天的時候，她說我"夜郎自大"，這"夜郎自大"是什麼意思？

B. 嗯，大爲，你不懂幹嘛不問你女朋友啊？

A. 你不知道，我女朋友在學英文，我在學中文，可是她的英文比我的中文進步快多了，總是問她，多沒面子啊。你快給我解釋解釋吧。

B. 好吧好吧，"夜郎自大"是個成語，但這個成語是一個歷史典故。

A. 什麼是典故？

B. 典故就是歷史上的故事或者古書上的東西。

A. 哦，那這個典故是個什麼故事？

B. 別急，大爲，你先告訴我"夜郎自大"這四個字是什麼意思？

A. "夜"我知道就是"晚上"，"郎"是"男人"，"自"是"自己"的自。"自大"是什麼？是不是自己覺得自己很偉大？很厲害？

B. 嗯，每個字你都解釋對了，但"夜郎"在這裏指的是古代一個叫"夜郎"的國家。

A. 哦，有叫"夜郎"的國家？

B. 對，在中國的西南部。那時這個國家的國王以爲他們國家最大，其實他們國家很小。

A. 哦，我懂了，說一個人"夜郎自大"是說他不瞭解事實，太驕傲了，不夠謙虛。

B. 沒錯，你也可以說一個人很"自大"，意思跟"夜郎自大"一樣。那你告訴我，你女朋友爲什麼說你夜郎自大呀？

A. 我，我告訴她在我們班，我的中文最流利。

B. 哈哈，大爲，你真是夜郎自大，坐井觀天啊。

A. 等等，小華，怎麼又出來個"坐井觀天"，也不是什麼好話吧？是什麼意思？

B. 你猜一猜啊？

A. 真討厭，你不告訴我，要我猜！恩...“井”我知道，很多地方人們從井裏取地下水喝，"觀"就是"觀察"的"觀"，意思是"看"，"坐井觀天"就是坐在井裏看天。

B. 對，你想想，你坐在井裏看天，你能看到全部的天嗎？

A. 當然不能，只能看到一點點。哦，如果你說一個人"坐井觀天"，那是說他對事實不夠瞭解，看不到全部。你是說我以爲自己的中文程度還不錯，但我看到的只是自己身邊這些人，忘了外邊還有別的班，別的學校？

B. 哈！你現在又多學會一個成語了。

對話二

A. 早，小張。

B. 早，老李。嗨，上次說的房子你決定買了嗎？

A. 唉，還在猶豫呢，我對那座房子的結構不太滿意。你想想，一樓沒有廁所，多不方便啊。

B. 是不方便。除了睡覺，大多數時間都待在樓下，跑到樓上上廁所，太麻煩了。

A. 另一座房子結構很好，可是那兒的學校條件很差，而且只有一個老師是碩士畢業。

B. 唉，我告訴你啊，要是學校不好，房子千萬不要考慮，否則孩子肯定上不了好大學。那你還有沒有別的選擇？

A. 還有一座房子，有點小，不過結構、價格等方面我都很滿意。

B. 那就趕快下手吧，不要猶豫不決。差不多就行了，不可能有百分之百讓你滿意的房子。

A. 是啊，我知道，大體上滿意就不錯了，不可能百分之百滿意。說實在的，這買房子的事都快把我煩死了。

B. 慢慢來，小張，一定能買到你滿意的。

A. 有時候真想隨便買一座算了，這一陣子每個周末都得出去看房子。

B. 我那時候跟你現在感受一樣，甚至覺得算了算了，不買了。好在我先生有耐心，要不然我們現在還在租房子住呢。

A. 你幸福啊，我先生比我還沒耐心。看了兩三次房子就煩了。有時候跟他商量，他也沒耐心聽。真讓人生氣。

B. 他這樣做就不對了，回頭我跟他談談，我年紀大，他可能聽我的。

A. 那先謝謝你了，老李。

對話三

A. 你愛我嗎？阿麗，說話呀，怎麼默不做聲呢？

B. 阿文，人的感情不是一成不變的，我現在說愛你，明天有可能就不愛你了，你就別再問了。

A. 你不願意回答，是不是因爲你心裏有別人了？

B. 什麼別人？

A. 你別再給我裝聾作啞了，昨天你是不是又去看小陳打球去了？

B. 我就是喜歡他在球場上那生龍活虎的樣子，怎麼著，我去看他打球不行嗎？

A. 你，你別真以爲小陳球打得好，哪天讓我來跟他來比比，一定把他打得一敗塗地。

B. 哼，你少說大話，小陳是學校籃球隊的，你跟他打，簡直是班門弄斧。

A. 你看過我打球嗎？高中的時候，我們球隊常常拿球賽冠軍呢。

B. 那你幹嘛一直深藏不露？

A. 我一直深藏不露是因爲我不想讓別人覺得我太驕傲，

B. 哼，誰知道你是不是在說大話。不管怎麼樣，我就是喜歡看小陳打籃球。

70

A. 阿麗，不要再想小陳了好不好？你知道，我對你一見鍾情，從我們認識的第一天起，我對你的愛就從來沒有改變過．

B. 我知道，可是．．．

A. 我這麼愛你，你還三心二意，做不了決定？你想想，你認識小陳以前，我們的愛情也是一帆風順的，我們在一起多高興啊．．．

B. 好了好了，阿文，我知道你很愛我，可是我需要一個懂我的人。我喜歡小陳，也不是因爲他球打得好。

A. 難道他比我更懂你？

B. 你知道，我喜歡文學，喜歡歷史，可是你對歷史文學方面的東西總是不聞不問，和你談文學，就像對牛彈琴，但小陳．．．

A. 小陳怎麼樣？我就不相信他一個運動員會比我更喜歡文學和歷史。阿麗，我告訴你啊，像我這樣的好男人並不多。

B. 哼，好男人不怕找不到女朋友，你對我就死了這條心吧。

看小剧学动作动词 (看小劇學動作動詞)
Skit and Action Verbs

愚公移山

Watch the video (available at www.mychinesclass.com/video) to learn the action verbs and then retell the story in your own words.

Notes
- 干 | 幹 | gàn | to do (你干嘛呢？/你幹嘛呢? what are you doing?)
- 表演 | 表演 | biǎoyǎn | Performance
- 愚公移山 | 愚公移山 | Yúgōng yíshān | Foolish man's moving the mountain (L10 阅读生词)
- 孙子 | 孫子 | sūnzi | grandson
- 石头 | 石頭 | shítou | stone
- 篮子 | 籃子 | lánzi | basket
- 蛮 Adj.的 | 蠻 Adj.的 | mán Adj. De | pretty Adj.
- 重 | 重 | zhòng | heavy
- 腰 | 腰 | yāo | waist, lower back
- 假 | 假 | jiǎ | fake
- 像 | 像 | xiàng | alike

动作动词用法/動作動詞用法

- **演** | 演 | yǎn | 演戏/演电影/他在电影里演一个坏人。/电影里的老太太竟然是一个二十多岁的女孩演的。 | 演戲/演電影/他在電影裏演一個壞人。/電影裏的老太太竟然是一個二十多歲的女孩演的。
- **挖** | 挖 | wā | 听说地底下有好东西，我们快把它挖出来。/你这孩子，又挖鼻子了！ | 聽說地底下有好東西，我們快把它挖出來。/你這孩子，又挖鼻子了！
- **叠** | 叠 | dié | 这三十本书叠起来，有一个人那么高吧！/孩子们在叠积木呢！你看，他们叠了一个城堡！ | 這三十本書叠起來，有一個人那麼高吧！/孩子們在叠積木呢！你看，他們叠了一個城堡！
- **扔** | 扔 | rēng | 这件衣服太旧了，也有点儿小。你不穿就扔了吧！/ 你不把东西收好我就都扔掉！/喝完饮料，把塑料瓶扔进资源回收箱吧，别扔垃圾桶里。 | 這件衣服太舊了，也有點兒小。你不穿就扔了吧！/ 你不把東西收好我就都扔掉！/喝完飲料，把塑料瓶扔進資源回收箱吧，別扔垃圾桶裏。(L5)
- **蹲** | 蹲 | dūn | 你蹲得不够低，再往下蹲一点。/ 没有小椅子可以坐，我就蹲着吧！/ 在中国，马桶有两种，一种是坐的，一种是蹲的。 | 你蹲得不夠低，再往下蹲一點。/ 沒有小椅子可以坐，我就蹲着吧！/ 在中國，馬桶有兩種，一種是坐的，一種是蹲的。（L7 动作动词）
- **弯** | 彎 | wān | 手指别弯，不然这个戒指我套不上/下了太多的雪，树枝都弯了。/东西掉到桌子下了，她弯腰去拿。（See L7 动作动词）| 手指别彎，不然這個

72

戒指我套不上/下了太多的雪，樹枝都彎了。/東西掉到桌子下了，她彎腰去拿。
（See L7 動作動詞）

- 假裝 | 假裝 | jiǎzhuāng | 你觉得那是真的吗？还是假装的？/他虽然很喜欢她，却
  假装自己对她一点也不在乎。/他心里很高兴，却假装很难过的样子。/他们找
  了一个有着胖胖的肚子的男人，要他穿上红色的衣服，贴上白色的胡子，假装
  成圣诞老人。/ | 你覺得那是真的嗎？還是假裝的？/他雖然很喜歡她，却假裝
  自己對她一點也不在乎。/他心裏很高興，却假裝很難過的樣子。/他們找了一
  個有著胖胖的肚子的男人，要他穿上紅色的衣服，貼上白色的鬍子，假裝成聖
  誕老人。/

Notes for sample sentences

- 戏 | 戲 | xì | drama
- 挖鼻子 | 挖鼻子 | bízi | to pick nose
- 积木 | 積木 | jīmù | blocks
- 城堡 | 城堡 | chéngbǎo | castle
- 饮料 | 飲料 | yǐnliào | beverage
- 塑料 | 塑料 | sùliào | plastic
- 资源 | 資源 | zīyuán | resource, L4
- 回收箱 | 回收箱 | huíshōu xiāng | recycle bin
- 垃圾桶 | 垃圾桶 | lèsè tǒng | trash can
- 马桶 | 馬桶 | mǎtǒng | toilet
- 戒指 | 戒指 | jièzhǐ | ring
- 树枝 | 樹枝 | shùzhī | tree branch
- 胡子 | 鬍子 | húzi | beard, mastache
- 圣诞老人 | 聖誕老人 | shèngdàn lǎorén | Santa Claus

第十一课　　俗语与中国人的幽默/俗語與中國人的幽默

听录音回答问题 (聽錄音回答問題) Listening Comprehension

对话一 (對話一) Dialogue 1:

Dialogue 1: Listen to this conversation between Little Li and Little Zhang before they went to the principal's speech. Try to learn new words from context clues. The vocabulary you learn in this dialogue will help you comprehend the reading text in the later section.

放屁 | 场合 | 礼貌 | 背黑锅 | 炒冷饭 | 屁股
放屁 | 場合 | 禮貌 | 背黑鍋 | 炒冷飯 | 屁股
fàngpì | chǎnghé | lǐmào | bēi hēiguō | chǎo lěngfàn | pìgu

生词复习 (生詞複習)

- 臭 | 臭 | chòu | smelly |
- 死 | 死 | sǐ | to die, dead, death
- 声音 | 聲音 | shēngyīn | sound | L6
- 嫌 | 嫌 | xián | to dislike someone or something for; to mind that | L7
- 校长 | 校長 | xiàozhǎng | school principal |
- 演讲 | 演講 | yǎnjiǎng | speech |
- 马上 | 馬上 | mǎshàng | immediately | L2, L3
- 正式 | 正式 | zhèngshì | formal | L5
- 注意 | 注意 | zhùyì | to pay attention |
- 控制 | 控制 | kòngzhì | control | L2
- 没面子 | 沒面子 | méi miànzi | to lose face | L10D1

- 赶快 | 趕快 | gǎnkuài | hurry up | L1
- 咱们 | 咱們 | zánmen | we (including both the speaker and the person or persons spoken, too)
- 题目 | 題目 | tímù | topic |
- 改革开放 | 改革開放 | gǎigé kāifàng | Reform and Opening | L2
- 以为 | 以爲 | yǐwéi | think wrongly |
- 怪 | 怪 | guài | to blame |
- 替 | 替 | tì | to substitute, to do something for someone, | L1
- 过分 | 過分 | guòfèn | excessive |
- 享受 | 享受 | xiǎngshòu | to enjoy | L1, L2, L4
- *道歉 | 道歉 | dàoqiàn | to apologize |

根据对话一回答问题

- 对话开始时，屋子为什么有一股臭味(yìgǔ chòuwei)？肚子不舒服的小李担心什么？为什么？
- 小张和小李喜欢校长演讲的题目吗？为什么？
- 校长演讲到一半，小李为什么生气走了？

你的看法

- 如果有人在正式的场合突然想放屁，你觉得他怎么做是最好的呢？
- 说一说你或你的朋友/家人做过什么好笑的事，让你或他们觉得不好意思？

（繁體）
根據對話一回答問題：
- 對話開始時，屋子爲什麼有一股臭味(yìgǔ chòuwei)？肚子不舒服的小李擔心什麼？爲什麼？
- 小張和小李喜歡校長演講的題目嗎？爲什麼？
- 校長演講到一半，小李爲什麼生氣走了？
你的看法
- 如果有人在正式的場合突然想放屁，你覺得他怎麼做是最好的呢？
- 說一說你或你的朋友/家人做過什麼好笑的事，讓你或他們覺得不好意思？

对话二 (對話二) Dialogue 2:

Dialogue 2: Listen to this conversation between A-Qiang and his wife the next morning after he stayed up all night for his job. Try to learn new words from context clues. The vocabulary you learn in this dialogue will help you comprehend the reading text in the later section.

开夜车 | 拼命 | 拍马屁 | 抱怨 **(L6)** | 老婆
開夜車 | 拼命 | 拍馬屁 | 抱怨 **(L6)** | 老婆
kāiyèchē | pīnmìng | pāimǎpì | bàoyuàn | lǎopó

生词复习 (生詞複習)

- 上班 | 上班 | shàngbān | to go to work |
- 迟到 | 遲到 | chídào | to be late |
- 商业 | 商業 | shāngyè | business | L4, L9
- 资料 | 资料 | zīliào | data | L8
- 下班 | 下班 | xiàbān | to be off work |
- 公司 | 公司 | gōngsī | company |
- 身体 | 身體 | shēntǐ | body; health |
- 受得了 | 受得了 | shòu déliǎo | can bear, can take it |
- 烦 | 煩 | fán | to bother; to feel annoyed | L7
- 老板 | 老闆 | lǎobǎn | boss |
- 干 | 幹 | gàn | to do | L9
- 普通 | 普通 | pǔtōng | ordinary, common | 普通话 (Mandarin)
- 职员 | 職員 | zhíyuán | staff |
- 主管 | 主管 | zhǔguǎn | supervisor | L2
- 算了 | 算了 | suànle | forget it | L1 口语用法

- 满意 | 滿意 | mǎnyì | to satisfy; to feel satisfied |
- 固执 | 固執 | gùzhí | stubborn | L10
- 逼 | 逼 | bī | to force | L3
- 允许 | 允許 | yǔnxǔ | to allow | L5
- 必须 | 必須 | bìxū | must, have to |

根据对话二回答问题

- 为什么太太叫阿强起床他起不来呢？
- 阿强工作认真吗？为什么阿强的太太要他学他的同事小王？
- 老婆的话，阿强都听了吗？他同意做什么？不同意做什么？

你的看法

- 你会为了工作、功课或考试开夜车吗？为什么？
- 如果你的男朋友或女朋友开夜车，你会管他们吗？如果你开夜车，你的男朋友或者女朋友管你，你会做什么？
- 你会拍什么人的马屁？在什么情况下，拍这些人的马屁？

（繁體）

根據對話二回答問題：
- 爲什麼太太叫阿强起床他起不來呢？
- 阿强工作認真嗎？爲什麼阿强的太太要他學他的同事小王？
- 老婆的話，阿强都聽了嗎？他同意做什麼？不同意做什麼？

你的看法
- 你會爲了工作、功課或考試開夜車嗎？爲什麼？
- 如果你的男朋友或女朋友開夜車，你會管他們嗎？如果你開夜車，你的男朋友或者女朋友管你，你會做什麼？
- 你會拍什麼人的馬屁？在什麼情況下，拍這些人的馬屁？

对话三 (對話三) Dialogue 3:

Dialogue 3: Listen to a translated conversation between a journalist and Hilary Clinton after her husband's sexual scandal was revealed. Try to learn new words from context clues. The vocabulary you learn in this dialogue will help you comprehend the reading text in the later section.

丑闻 | 表现 | 牺牲 | 半瓶醋 | 通俗 | 幽默 | 文雅
醜聞 | 表現 | 犧牲 | 半瓶醋 | 通俗 | 幽默 | 文雅
chǒuwén | biǎoxiàn | xīshēng | bànpíngcù | tōngsú | yōumò | wényǎ
讽刺 | 押韵 | 打退堂鼓 | 暗示 | 坐冷板凳 | 浪漫 |
諷刺 | 押韵 | 打退堂鼓 | 暗示 | 坐冷板凳 | 浪漫 |
fěngcì | yāyùn | dǎ tuìtánggǔ | ànshì | zuò lěng bǎndèng | làngmàn |

生词复习 (生詞複習)

- 女士 | 女士 | nǚshì | Ms., lady |
- 总统 | 總統 | zǒngtǒng | president | L5
- 情人 | 情人 | qíngrén | lover | L2
- 感受 | 感受 | gǎnshòu | to feel, feeling | L8
- 拒绝 | 拒絕 | jùjué | to refuse | L9
- 话题 | 話題 | huàtí | topic | L5
- 曾经 | 曾經 | céngjīng | once | L2,L5
- 法学院 | 法學院 | fǎ xuéyuàn | law school | L5 中医学院
- 方面 | 方面 | fāngmiàn | aspect |
- 表现 | 表現 | biǎoxiàn | performance |
- 毕业 | 畢業 | bìyè | to graduate |

- 支持 | 支持 | zhīchí | to support | L5
- 能干 | 能幹 | nénggàn | capable |
- 自大 | 自大 | zì dà | arrogant | L10 夜郎自大
- 老百姓 | 老百姓 | lǎobǎixìng | common people | L4, L5
- 尽管 | 儘管 | jǐnguǎn | in spite of | L7
- 堆 | 堆 | duī | pile, heap |
- 难道 | 難道 | nándào | could it be | L3, L4
- 伤心 | 傷心 | shāngxīn | sad | L9
- 离婚 | 離婚 | líhūn | divorce | L9
- 看不起 | 看不起 | kànbùqǐ | despise |
- 面对 | 面對 | miàn duì | face | L3, L4, L5
- 情况 | 情況 | qíngkuàng | happening |
- 舍不得 | 捨不得 | shěbudé | reluctant | L3
- 狠心 | 狠心 | hěnxīn | heartless | L9
- 原谅 | 原諒 | yuánliàng | to forgive | L9
- 感动 | 感動 | gǎndòng | to feel moved | L5
- 恋爱 | 戀愛 | liàn'ài | in love |
- 诗 | 詩 | shī | poetry |
- 崇拜 | 崇拜 | chóngbài | worship | L9
- 求婚 | 求婚 | qiúhūn | propose | L8
- 情景 | 情景 | qíngjǐng | scene | L9
- 研究生 | 研究生 | yánjiūshēng | graduate study, graduate student |
- 一见钟情 | 一見鍾情 | yíjiàn zhōngqíng | to fall in love on the first sight | L10
- 追求 | 追求 | zhuīqiú | to pursue | L1, L4
- 嫁 | 嫁 | jià | to marry a man | L2
- 答应 | 答應 | dāyìng | to promise | L7
- 散步 | 散步 | sànbù | to take walk |
- 随便 | 隨便 | suíbiàn | randomly, casual | L10 D2 (reviewed)
- 继续 | 繼續 | jìxù | to continue, carry on | L4
- 人物 | 人物 | rénwù | character | L5
- 差一点 | 差一點 | chà yīdiǎn | almost |
- 选 | 選 | xuǎn | to select | L1, L5

根据对话三回答问题

- 一开始，记者问了希拉里什么问题？对这个问题希拉里是什么态度？

- 希拉里和克林顿在法学院读书的时候表现得怎么样？她觉得自己为克林顿做了很多吗？为什么？

- 她认为老百姓为什么喜欢克林顿？她爱克林顿什么？她想过离婚吗？为什么？

- 希拉里和克林顿是怎么恋爱、结婚的？克林顿不当总统以后，希拉里的生活有什么改变？

你的看法

- 在你看来，希拉里是一个什么样的人？你是从那些地方看出来的？你希望成为像希拉里一样的人吗？为什么？
- 在你看来，克林顿是一个什么样的人？你是从那些地方看出来的？你希望成为像克林顿一样的人吗？为什么？

（繁體）

根據對話三回答問題：

- 一開始，記者問了希拉里什麼問題？對這個問題希拉里是什麼態度？

- 希拉里和克林頓在法學院讀書的時候表現得怎麼樣？她覺得自己爲克林頓做了很多嗎？爲什麼？
- 她認爲老百姓爲什麼喜歡克林頓？她愛克林頓什麼？她想過離婚嗎？爲什麼？
- 希拉里和克林頓是怎麼戀愛、結婚的？克林頓不當總統以後，希拉里的生活有什麼改變？

你的看法

- 在你看來，希拉里是一個什麼樣的人？你是從那些地方看出來的？你希望成爲像希拉里一樣的人嗎？爲什麼？
- 在你看來，克林頓是一個什麼樣的人？你是從那些地方看出來的？你希望成爲像克林頓一樣的人嗎？爲什麼？

听力生词 (聽力生詞) Dialogue Vocabulary

1. 放屁 | 放屁 | fàngpì | to fart | 他放了一个臭(chòu)屁 | 你别管他说什么，就当他在放屁！

2. 场合 | 場合 | chǎnghé | occasion | 外交场合/正式场合/教室不是谈恋爱的场合。 | 外交場合/正式場合/教室不是談戀愛的場合。 (外交 wàijiāo: diplomatic, L1, 正式 zhèngshì: formal, L5)

3. 礼貌 | 禮貌 | lǐmào | polite; courtesy; politeness | 聚会的时候迟到不太礼貌。/这个孩子很有礼貌。/你这样跟老人说话显得非常没有礼貌。 | 聚會的時候遲到不太禮貌。/這個孩子很有禮貌。/你這樣跟老人說話顯得非常沒有禮貌。 (聚会 聚會 jùhuì: to get together, L8, 迟到 遲到 chídào: to be late, 显得 顯得 xiǎndé: to appear like （阅读生词）L11)

4. 屁股 | 屁股 | pìgu | buttocks; hip |

5. 背黑锅 | 背黑鍋 | bēihēiguō | to carry the black wok (to take the blame for others; to be made a scapegoat) | 我不要替别人背黑锅。/他让老张替他背了两次黑锅。 | 我不要替別人背黑鍋。/他讓老張替他背了兩次黑鍋。 (替 tì: to replace, to do Sth for Sb, L1)

6. 炒冷饭 | 炒冷飯 | chǎo lěngfàn | to heat leftover rice (to say or do the same old thing; to repeat without any new content) | 你的文章又在炒冷饭。 | 你的文章又在炒冷飯。

7. 拍马屁 | 拍馬屁 | pāimǎpì | to pat the horse's butt (to flatter excessively; to be a sycophant; to lick sb.'s shoes) | 他常对老板拍马屁。/他常拍老板的马屁。 | 他常對老闆拍馬屁。/他常拍老闆的馬屁。

8. 开夜车 | 開夜車 | kāiyèchē | "to burn the midnight oil" | 她考试前总开夜车。/你昨天晚上开夜车开到几点？ | 她考試前總開夜車。/你昨天晚上開夜車開到幾點？

9. 老婆 | 老婆 | lǎopo | wife | 娶了大老婆之后他又接着娶了两个小老婆。 | 娶了大老婆之後他又接著娶了兩個小老婆。 (娶 qǔ: to marry a husband, L2, 接着 接著 jiēzhe: then)

10. 拼命 | 拼命 | pīnmìng | to risk one's life to do something; to exert the utmost strength; to put up a desperate fight | 逃犯拼命地往前跑，警察在后头拼命地追。/他只知道拼命工作，从来不管孩子。/你不还我钱，我就跟你拼命。/这种工作不值得你那么拼命。 | 逃犯拼命地往前跑，警察在後頭拼命地追。/他只知道拼命工作，從來不管孩子。/你不還

81

我錢，我就跟你拼命。/這種工作不值得你那麼拼命。（逃犯 táofàn: fugitive, L7, 警察 :jǐngchá, policemen, 追 zhuī: to chase, L3, 值得 zhídé: worth it, L1, L3）

11. 通俗 | 通俗 | tōngsú | popular; common | 通俗文学/通俗的语言/通俗文化/用通俗的话来解释复杂的问题。 | 通俗文學/通俗的語言/通俗文化/用通俗的話來解釋複雜的問題。 （解释 解釋 jiěshì: explanation, L9, 复杂 複雜 fùzá: complicate, L8）

12. 文雅 | 文雅 | wényǎ | refined; educated; elegant | 文雅的语言/说话很文雅/这个女孩子很文雅。 | 文雅的語言/說話很文雅/這個女孩子很文雅。

13. 打退堂鼓 | 打退堂鼓 | dǎ tuìtánggǔ | to beat the step-down-the-stage drum (to give up a pursuit without attaining one's goal) | 你要坚持下去，不要动不动就打退堂鼓。 | 你要堅持下去，不要動不動就打退堂鼓。 （坚持 堅持 jiānchí to insist, L10, 动不动就 動不動就 dòngbùdòng jiù easily，L3）

14. 半瓶醋 | 半瓶醋 | bànpíngcù | a half-bottle of vinegar (one who has only a superficial knowledge of something; a charlatan) | 他是个半瓶醋。/你要认真学习，不要当半瓶醋。 | 他是個半瓶醋。/你要認真學習，不要當半瓶醋。

15. 讽刺 | 諷刺 | fěngcì | to mock; to lampoon; satire | 他讽刺我写文章总是炒冷饭。/我讽刺他缺乏创造性。/这是一个讽刺的说法。/我受不了她对我的讽刺。 | 他諷刺我寫文章總是炒冷飯。/我諷刺他缺乏創造性。/這是一個諷刺的說法。/我受不了她對我的諷刺。(缺乏 quēfá lack of L3，创造性 創造性 chuàngzàoxìng creativity, L3)

16. 坐冷板凳 | 坐冷板凳 | zuò lěng-bǎndèng | to sit on the cold bench (to be idled from important tasks) | 老板一直让他坐冷板凳。/坐了三年的冷板凳以后，他终于接到了一个重要任务。 | 老闆一直讓他坐冷板凳。/坐了三年的冷板凳以後，他終於接到了一個重要任務。(终于 終於 zhōngyú finally L1, L3 接 jiē to receive （接受）L2, 任务 任務 rènwù task （阅读生词）L11)

17. 表现 | 表現 | biǎoxiàn | to show; to manifest; performance | 表现你的能力/表现做饭的手艺/他在学校的表现好不好？/老板对他最近的表现很满意。 | 表現你的能力/表現做飯的手藝/他在學校的表現好不好？/老闆對他最近的表現很滿意。(手艺 手藝 shǒuyì craft skill L1)

18. 押韵 | 押韵 | yāyùn | to rhyme; to have a correspondence of terminal sounds of words or of lines of verse | 这两个句子押韵。/这首诗押韵押得不太好。 | 這兩個句子押韵。/這首詩押韵押得不太好。

19. 幽默 | 幽默 | yōumò | humorous (幽默感 = sense of humor) | 缺乏幽默感的人/幽默小说/他很幽默。 | 缺乏幽默感的人/幽默小說/他很幽默。 (小说 小說 xiǎoshuō: fiction)

20. 丑闻 | 醜聞 | chǒuwén | scandal 丑：ugly | 政治丑闻/性丑闻 | 政治醜聞/性醜聞 (政治 政治 zhèngzhì: political, L2 性 xìng: sex （性别）L2)

21. 牺牲 | 犧牲 | xīshēng | to sacrifice; to do something at the expense of another | 牺牲财产/为国家牺牲生命/牺牲个人休息时间为公司工作。| 犧牲財產/爲國家犧牲生命/犧牲個人休息時間爲公司工作。(财产 財産 cáichǎn: property, L2, 生命 shēngmìng life, 个人 個人 gèrén: personal L1)

22. 暗示 | 暗示 | ànshì | to hint; to imply; hint (n.) | 他暗示了他这次访问的原因。/ 他给我了好几次暗示，可是我没懂他的意思。| 他暗示了他這次訪問的原因。/ 他給我了好幾次暗示，可是我沒懂他的意思。(访问 訪問 fǎngwèn: to visit, L1, 原因 yuányīn: reason)

23. 浪漫 | 浪漫 | làngmàn | romantic | 浪漫的生活/浪漫的气氛/浪漫的诗人/浪漫的颜色/一个浪漫的夜晚。| 浪漫的生活/浪漫的氣氛/浪漫的詩人/浪漫的顏色/一個浪漫的夜晚。(气氛 氣氛 qìfēn: atmosphere, L6 ,颜色 yánsè)

口语用法 (口語用法) Oral Expressions

(复习)

- 是你的屁股,又不是我的屁股,我怎么帮你? (In L7, 过去你老埋怨她穿着太马虎, 现在又嫌她打扮得太时髦…", "又" indicates the speaker's displeasure when he thinks that the latter action taken by someone contradicts his earlier action. Similarly, 又 also indicates a displeasure and a contradiction here).

- 你可得注意啊！("可" is used to emphasize something in three ways: 1) "可" can be used in front of "不" or "没" , "别" to strengthen the negation. 2) "可" is used in front of an adjective to emphasize one's affirmativeness. 3) "可" can be used in front of auxiliary verb such as "要、会、得" to emphasize a warning or a request). L1

- 哎呀，别烦我，让我再睡一会儿 ("哎呀" can be translated as "oh" or "oh my dear." It is a Chinese interjection used to show surprise. Sometimes the surprise is followed by worries or frustration). L2

- 这样吧，咱们坐在最边上，要是你感觉想放屁了，你就赶快出去，过一会儿再回来。("这样吧 is used in a discourse for a suggestion or an idea made towards resolving a problem. It can be translated as "How about this…") L7G

- 好吧。咱们到那边去坐。("好吧" can be translated as "all right," or "okay" here. It is used to show that a previous request or suggestion is not perfect but is nevertheless acceptable to the speaker). L1

- 明明是你放的，干吗说是我 ("干吗" (also written as 干嘛) is a colloquial way to say "why." It is used in front of a verb or at the end of the sentence. When you use "干吗", you are not only asking for the reason, you are also indicating that you disagree with the thing you are questioning. It is similar to "干什么"，especially when used at the end of the sentence. "干什么" means "what are/is you/[subject] doing?"). L7

- 你太过分了，这演讲我不听了！("太过分了" means "goes too far". It is used to show one's anger when something has gone wrong and far beyond what he or she can endure). L7

(繁體) 是你的屁股, 又不是我的屁股, 我怎麼幫你? | 過去你老埋怨她穿著太馬虎，現在又嫌她打扮得太時髦 | 你可得注意啊！ | 哎呀，别烦我，讓我再睡一會兒 | 這樣吧，咱們坐在最邊上，要是你感覺想放屁了，你就趕快出去，過一會兒再回來。 | 好吧。咱們到那邊去坐。 | 明明是你放的，幹嗎（幹嘛）說是我 | 你太過分了，這演講我不聽了！

(复习) 埋怨 | 埋怨 | mányuàn | L7，穿着 | 穿著 | chuānzhuó | L7，马虎 | 馬虎 | mǎhǔ | L7，嫌 | 嫌 | xián | L7

打扮 | 打扮 | dǎbàn | L7，时髦 | 時髦 | shímáo | L7，烦 | 煩 | fán | L7

1. **不好意思，** …("不好意思" can mean "embarrassed." It is also often used to apologize for an incontinence one brings to people. "不好意思" is softer than "对不起" and it lessens the distance between the listener and speaker by implying the speaker's thankfulness for the listener's understanding or toleration. It is also often used to show humility or politeness).

不好意思，让你久等了。
I'm sorry I made you wait so long.

阿华，**不好意思，**我今天晚上可能要晚点回家吃饭，你别等我了。
A'hua, I am sorry but I probably will be home a little late for dinner tonight. Please don't wait for me.

不好意思，能不能向您请教一下…
Excuse me, may I ask you…

那我就在大家面前班门弄斧了。**不好意思。**
Well, then I'll show off my inadequate skills in front of all you experts. Sorry about that.

(繁體) **不好意思，**讓你久等了。 | 阿華，**不好意思，**我今天晚上可能要晚點回家吃飯，你別等我了。 | **不好意思，**能不能向您請教一下… | 那我就在大家面前班門弄斧了。**不好意思。**

(复习) 请教 | 請教 | qǐngjiào | L10，班门弄斧 | 班門弄斧 | bānménnòngfǔ | L10

2. 怎么这么说话，**不够朋友。** ("够" can mean "to be up to a certain standard." "够朋友" or "不够朋友" is an idiomatic way of saying a friend is a true friend or a friend does not value the friendship enough).

怎么一要你帮忙你就皱眉头呢?真**不够朋友**。
How come right when I start asking you for help you frown? You really don't value our friendship.

你再对小王的事不闻不问，可别怪我**不够朋友**。
If you remain indifferent to Little Wang's business, don't blame me for not valuing our friendship.

你知道我忌讳 "四" 还让我住四楼，这样做太**不够朋友**了。
You know that the number 'four' is unlucky for me (and staying on fourth floor is a taboo to me), but you still let me stay on the fourth floor. I can see that you really don't value our friendship

(繁體) 怎麼這麼說話，**不够朋友**。 | 怎麼一要你幫忙你就皺眉頭呢?真**不够朋友**。 | 你再對小王的事不聞不問，可別怪我**不够朋友**。 | 你知道我忌諱 "四" 還讓我住四樓，這樣做太**不够朋友了**。

(复习) 皱眉头 | 皺眉頭 | zhòuméi tóu | L7，不闻不问 | 不聞不問 | bù wén bù wèn | L10

3. **明明**就是你放的屁，干吗让我替你背黑锅！ ("明明" is an adverb meaning "obviously," "undoubtedly," or "by all appearances." It is always used before a verb phrase in one clause to emphasize the truth even while the other clause relates some contradictory comment).

他怎么会不知道？**明明**就是在装聋作哑！
How can he not know it? He is obviously playing dumb and deaf.

你**明明**知道我没有钱，干吗还一直逼着我还钱？
You obviously know that I don't have any money. Why do you keep forcing me to pay you back?

刚才我还**明明**看见我的字典就在这里，怎么一下子就不见了？
Undoubtedly I just saw my dictionary; how come it disappeared all of a sudden?

("明明" can also be used in a rhetorical question or in a complaint to enhance affirmation).

你怎么会不知道今天有考试？我昨天不是**明明**告诉你了吗？
How can you not know that we have a test today? Didn't I tell you yesterday?

你这不是**明明**在躲着我吗？
Aren't you blatantly hiding from me?

(繁體) **明明**就是你放的屁，幹嘛讓我替你背黑鍋！ | 他怎麼會不知道？**明明**就是在裝聾作啞！ | 你**明明**知道我沒有錢，幹嘛還一直逼著我還錢？ | 剛才我還**明明**看見我的字典就在這裏，怎麼一下子就不見了？ | 你怎麼會不知道今天有考試？我昨天不是**明明**告訴你了嗎？ | 你這不是**明明**在躲著我嗎？

(复习) 忌讳 | 忌諱 | jìhuì | L10，替 | 替 | tì | L1，逼 | 逼 | bī | L3，字典 | 字典 | zìdiǎn | 躲 | 躲 | duǒ | L7

4. A: 怎么又是改革开放？这个题目大家都已经讲过几百次了，真是炒冷饭。B. **就是啊**！ ("就是啊!" or "就是的" are colloquial responses that express strong agreement to the previous statement. It can be translated as "exactly", "that's exactly what I think", or " I know") See also L4.

A：这题目太难了！没几个人能答的出来
B: 就是啊！老师一定是搞错了。

This question is too hard. Only a couple of people can answer it.
That's what I thought. The teacher must have had made a mistake.

A:你老公又加班了？这样下去，身体怎么受得了啊？
B:就是啊！可也没办法啊！
A: Did your husband work overtime again? If it goes on like that, how can it not hurt his health?
B: I know, but we can't do anything.

(繁體) A: 怎麼又是改革開放？這個題目大家都已經講過幾百次了，真是炒冷飯。B. **就是啊！** |A：這題目太難了！沒幾個人能答的出來 B: 就是啊！老師一定是搞錯了。 |
A:你老公又加班了？這樣下去，身體怎麼受得了啊？B:就是啊！可也沒辦法啊！

5. 等等，**怎么说走就走啊**。(If someone"说 V 就 V", he "acts as soon as he says he will act." In other words, he forcefully takes the action without being distracted by the concerns of others).

这孩子**说做功课就做功课**，马上就关了电视开始了。
This child started working on his homework without any distraction, since he immediately turned off the TV.

你怎么能**说走就走**，回来，把话说清楚啊！
How can you leave like that? Come back, you have to clarify what you meant.

我**说教训他就教训他**，别以为我在开玩笑！
I'll teach him a lesson as I said I would. Don't think I'm just joking.

你说**不打就不打**？不行！我就不能让你这样娇惯孩子。
Just because you said not to beat him you think I won't? No way. I won't let you spoil the child like this.

(繁體) 等等，**怎麼說走就走啊**。 |這孩子**說做功課就做功課**，馬上就關了電視開始了。 |你怎麼能**說走就走**，回來，把話說清楚啊！ |我**說教訓他就教訓他**，別以爲我在開玩笑！ |你說**不打就不打**？不行！我就不能讓你這樣嬌慣孩子。

(复习) 教训 | 教訓 | jiàoxùn | L7，娇惯 | 嬌慣 | jiāoguàn | L3

6. 你昨晚又开夜车了吧？**我问你呢！** (Besides being used at the end of an interrogative sentence，"呢" can be used to soften the tone at the end of a declarative sentence to emphasize doubt, disgust, conceit, or admiration).

我问你呢！ 你怎么不说话呢？

I'm asking you. Why aren't you talking?

我正忙着呢，你找妈妈帮你吧。
I am busy now. Go to Mom for help.

你没看**我正吃饭呢**！有事等会儿再来。
Don't you see I'm eating now? Come back later.

他这是**笑你夜郎自大呢**！难道你听不出来吗？
He was laughing at you for being foolish and arrogant. Can't you tell?

(繁體) 你昨晚又開夜車了吧？**我問你呢！** | **我問你呢！** 你怎麼不說話呢？ | **我正忙著呢**，你找媽媽幫你吧。 | 你沒看**我正吃飯呢**！有事等會兒再來。 | 他這是**笑你夜郎自大呢**！難道你聽不出來嗎？

(复习) 夜郎自大 | 夜郎自大 | yèlángzìdà | L10, 难道 | 難道 | nándào | L3, L4 |

7. <u>…，**再说了**，你这样拼命有什么用？</u> ("再说了" is used as a conjunction to introduce the second clause which discloses a further concern or reason. It can be translated as "…, besides,…" , "moreover ." You can also say "再说," but "再说了" is stronger in tone than "再说").

要盖(gài)房子你也得先有地，**再说(了)**，要找个好的建筑师父也没那么容易。
To build a house you should first own land. Besides, finding a good architect isn't that easy.

这些成语的规则本来就很复杂，**再说(了)**，有些还带有典故，外国学生更是难懂。
The rules for 成语 usage are already complicated as they are, but moreover some of them are based on ancient stories, making them even harder for foreign students to understand.

(繁體) **再說了**，你這樣拼命有什麼用？ | 要蓋(gài)房子你也得先有地，**再說(了)**，要找個好的建築師父也沒那麼容易。 | 這些成語的規則本來就很複雜，**再說(了)**，有些還帶有典故，外國學生更是難懂。

(复习) 建筑 | 建築 | jiànzhú | L4, L10, 师父 | 師父 | shīfu | master

8. <u>老婆，你**有完没完**呀，大早上就开始抱怨。</u>("有完没完" is used to indicate a complaint and means "aren't you going to stop?" or "can't you just stop it?" It is used when you are really fed up with something and want it to be stopped).

同样一件事你都说了三天了，你**有完没完**？
You have been talking about the same thing for three days. Aren't you going to stop?

你到底**有完没完**？不是告诉你别再给我打电话了吗？

Are you going to stop or not? Haven't I told you not to call me again?

(When a speaker uses "大早上" or "一大早", he implies that things the listener does or suggests shouldn't be happening so early in the morning).

大早上的，小点声，别把大家都吵醒了。

It is still early morning. Keep your voice down. Don't awaken everybody.

一大早起来就喝酒？

Why are you drinking this early in the morning?

(繁體) 老婆，你**有完沒完**呀，大早上就開始抱怨。 | 同樣一件事你都說了三天了，你**有完沒完**？ | 你到底**有完沒完**？不是告訴你別再給我打電話了嗎？

大早上的，小點聲，別把大家都吵醒了。 | **一大早**起來就喝酒？

(复习) 规则 | 規則 | guīzé | L10, 典故 | 典故 | diǎngù | L10, 抱怨 | 抱怨 | bàoyuàn | L6, L10, 醒 | 醒 | xǐng |

口语练习 (口語練習) **Oral Practice**

Use the oral expressions you learned for the role-play discussion

不好意思/ (不)够朋友/　明明/　说 Verb 就 Verb
… 我问你呢？/ 再说了，…/　你有完没完啊!

1. 小明拉肚子，但是等一会儿得去听一个关于改革开放的演讲。
   A，B-你们替小明想个办法，决定他到底该不该去听演讲。

2. A – 你是个认真的职员，但这次别人的工资都增加了，你的工资没增加，
   你很生气，要跟老板谈。　B- 你是老板，你只喜欢拍你马屁的人。

3. A- 你是克林顿。B-你是希拉里。
   希拉里对记者说了很多克林顿的坏话。克林顿很生气，和希拉里吵，
   希拉里也跟他吵。

(繁體)
不好意思/ (不)够朋友/　明明/　說 Verb 就 Verb
… 我問你呢？/ 再說了，…/　你有完沒完啊!

1. 小明拉肚子，但是等一會兒得去聽一個關于改革開放的演講。
   A，B-你們替小明想個辦法，決定他到底該不該去聽演講。
2. A – 你是個認真的職員，但這次別人的工資都增加了，你的工資沒增加，
   你很生氣，要跟老闆談。　B- 你是老闆，你只喜歡拍你馬屁的人。
3. A- 你是克林頓。B-你是希拉里。
   希拉里對記者說了很多克林頓的壞話。克林頓很生氣，和希拉里吵，
   希拉里也跟他吵。

90

听力文本 (聽力文本) Dialogue Transcripts

对话一

A. 小李，你放屁了吧？臭死了！

B. 你小声点，这么大声音，多不礼貌？

A. 你不礼貌，还嫌我不礼貌。

B. 不好意思，小张，我肚子有点不舒服，去了厕所好几次，就是拉不出来。

A. 怎么会这样呢？校长的演讲马上就要开始了，这么正式的场合，你可得注意啊。

B. 哎呀！那么正式的演讲，我要是控制不住放屁了，多没面子，怎么办，你帮帮我！

A. 是你的屁股，又不是我的屁股，我怎么帮你？

B. 哎呀！怎么这么说话，真不够朋友。

A. 这样吧，咱们坐在最边上，要是你感觉想放了，你就赶快出去，过一会儿再回来。

B. 好吧。咱们到那边去坐。

校长：各位同学，我今天演讲的题目是中国的改革开放。

A. 怎么又是改革开放？这个题目大家都已经讲过几百次了，真是炒冷饭。

B. 就是啊！

A. 小李，你又放屁了！

B. 不是我，我还以为是你放的呢！

A. 明明是你放的，干吗说是我，让别人怪我，要我替你背黑锅。你太过分了，这演讲我不听了，你一个人在这儿享受你的臭屁吧。

B. 哎哎，等等，怎么说走就走啊，对不起，对不起，嗨，我，我道歉了还不行吗？

对话二

A. 阿强，该起床了，快点，你上班要迟到了。

B. 嗯，让我再睡１０分钟。

A. 你昨晚又开夜车了吧？你是不是把那些商业资料都准备好了？我问你呢？

B. 嗯，好了。

A. 那么多你都准备好了？那你几点睡的觉？嗯？

B. 嗯，三点左右

A. 你呀，天天下班了还把工作拿回家做，白天为公司忙，晚上也为你们公司开夜车，你这样拼命工作，这身体哪能受得了。

B. 哎呀，别烦我，让我再睡一会儿。

A. 再说了，你这样拼命有什么用？也不会拍老板的马屁，说说他的好话，干了五六年了，还是个普通职员，连个小主管都当不上。

B. 老婆，你有完没完呀，大早上就开始抱怨。算了，看来我也睡不成了。

A. 不满意我当然得抱怨啦！那我说的对不对啊？你说，你这么拼命有什么用嘛。你干吗不学学人家小王，多拍拍老板的马屁，老板高兴了，也让你当一个主管什么的。

B. 拍马屁这种事我从来不会，也不需要。

A. 你怎么这么固执啊？

B. 好老婆，你知道我不是那种人，你就不要抱怨，也不要逼我了好不好？

A. 好吧好吧，不过我告诉你啊，从今天开始，不管你工作做完没有，我不允许你开夜车，１１点必须睡觉。

B. 好吧，我答应你，以后不再开夜车了，好了吧？

A. 我这也是为你好。

B. 我知道。

对话三

A. （记者）希拉里女士，很多人还在谈论你的先生前总统克林顿和他的情人莱温斯基之间的丑闻，您一直对此默不做声，现在您能不能谈谈你的感受？

B. 我拒绝谈这个话题。

A. 哦，对不起。那，听说您跟克林顿曾经都是耶鲁大学法学院最好的学生，对不对？

B. 对，不过，我在耶鲁法学院读书的时候，各方面的表现都比 Bill 好得多，毕业以后，为了支持他，我只好牺牲自己发展的机会。

A. 那换句话说，就是您觉得您比克林顿更能干喽？

B. 不是我自大，说心里话，我觉得 Bill 只是半瓶醋。他知道的东西并不多，不过他很会说话，他可以用非常通俗、幽默的语言和老百姓讨论很深的问题，他也可以用非常漂亮、文雅的语言，做一个正式的电视讲话。

A. 是啊！尽管克林顿他有一大堆的丑闻，但老百姓就是喜欢他。您呢？克林顿做了那么多对不起您的事，难道您不伤心吗？您干吗不跟他离婚呢？

B. 离婚？咳，我不是没想过离婚，特别是很多人看不起我，讽刺我，有时候我真没法面对这种情况。可是，想想我们一起走过的风风雨雨，我还是舍不得。而且，每个人都会做错事，我没有那么狠心，我能原谅他。

A. 哇，我相信克林顿先生听您这么说，一定会很感动。您能不能谈谈你们的恋爱史？你们是不是一见钟情？

B. 我对 Bill 算不上一见钟情，在耶鲁的时候，我们每天在一起学习，他很有幽默感，总是有讲不完的笑话，他还给我写过很多诗，押韵押得很漂亮，慢慢地，我开始崇拜他了。

A. 那，你还记得他向你求婚的情景吗？

B. 当然记得，第一次求婚是我们研究生毕业去英国旅行的时候，不过被我拒绝了。

A. 那后来呢？

B. 后来他没有打退堂鼓，他还一直追求我，几年以后，他又暗示我，希望我嫁给他。

A. 他是怎么暗示您的？

B. 他买了一所房子，然后告诉我，这所房子需要一个女主人。

A. 你就这么答应嫁给他了？

B. 对呀，当时我很感动，因为那所房子，是我们一起散步的时候看到的。我当时随便说了一句"这所房子挺漂亮的"。没想到他就买了下来，那是他买的第一所房子。

A. 克林顿先生这么浪漫啊？

B. 他是很浪漫。问题是他不只对我浪漫，还对别的女人浪漫，很过分。

A. 那是以前，他不当总统以后，还继续做让你难过的事情吗？

B. 他当总统的时候，他是中心人物，我一直没有机会表现，总坐冷板凳，现在跟以前不一样了，我靠自己的能力得到了很多人的支持，只差一点就选上总统，我不关心他给我搞什么丑闻，我更关心美国的政治。

(繁體)

對話一

A. 小李，你放屁了吧？臭死了！

B. 你小聲點，這麼大聲音，多不禮貌？

A. 你不禮貌，還嫌我不禮貌。

B. 不好意思，小張，我肚子有點不舒服，去了廁所好幾次，就是拉不出來。

A. 怎麼會這樣呢？校長的演講馬上就要開始了，這麼正式的場合，你可得注意啊。

B. 哎呀！那麼正式的演講，我要是控制不住放屁了，多沒面子，怎麼辦，你幫幫我！

A. 是你的屁股，又不是我的屁股，我怎麼幫你？

B. 哎呀！怎麼這麼說話，真不夠朋友。

A. 這樣吧，咱們坐在最邊上，要是你感覺想放了，你就趕快出去，過一會兒再回來。

B. 好吧。咱們到那邊去坐。

校長：各位同學，我今天演講的題目是中國的改革開放。

A. 怎麼又是改革開放？這個題目大家都已經講過幾百次了，真是炒冷飯。

B. 就是啊！

A. 小李，你又放屁了！

B. 不是我，我還以爲是你放的呢！

A. 明明是你放的，幹嘛說是我，讓別人怪我，要我替你背黑鍋。你太過分了，這演講我不聽了，你一個人在這兒享受你的臭屁吧。

B. 哎哎，等等，怎麼說走就走啊，對不起，對不起，嗨，我，我道歉了還不行嗎？

對話二

A. 阿强，該起床了，快點，你上班要遲到了。

B. 嗯，讓我再睡１０分鐘。

A. 你昨晚又開夜車了吧？你是不是把那些商業資料都準備好了？我問你呢？

B. 嗯，好了。

A. 那麼多你都準備好了？那你幾點睡的覺？嗯？

B. 嗯，三點左右

A. 你呀，天天下班了還把工作拿回家做，白天爲公司忙，晚上也爲你們公司開夜車，你這樣拼命工作，這身體哪能受得了。

B. 哎呀，別煩我，讓我再睡一會兒。

A. 再說了，你這樣拼命有什麼用？也不會拍老闆的馬屁，說說他的好話，幹了五六年了，還是個普通職員，連個小主管都當不上。

B. 老婆，你有完沒完呀，大早上就開始抱怨。算了，看來我也睡不成了。

A. 不滿意我當然得抱怨啦！那我說的對不對啊？你說，你這麼拼命有什麼用嘛。你幹嘛不學學人家小王，多拍拍老闆的馬屁，老闆高興了，也讓你當一個主管什麼的。

B. 拍馬屁這種事我從來不會，也不需要。

A. 你怎麼這麼固執啊？

B. 好老婆，你知道我不是那種人，你就不要抱怨，也不要逼我了好不好？

A. 好吧好吧，不過我告訴你啊，從今天開始，不管你工作做完沒有，我不允許你開夜車，１１點必須睡覺。

B. 好吧，我答應你，以後不再開夜車了，好了吧？

A. 我這也是爲你好。

B. 我知道。

對話三

A.（記者）希拉里女士，很多人還在談論你的先生前總统克林頓和他的情人萊溫斯基之間的醜聞，您一直對此默不做聲，現在您能不能談談你的感受？

B. 我拒絕談這個話題。

A. 哦，對不起。那，聽說您跟克林頓曾經都是耶魯大學法學院最好的學生，對不對？

B. 對，不過，我在耶魯法學院讀書的時候，各方面的表現都比 Bill 好得多，畢業以後，爲了支持他，我只好犧牲自己發展的機會。

A. 那換句話說，就是您覺得您比克林頓更能幹嘍？

B. 不是我自大，說心裏話，我覺得 Bill 只是半瓶醋。他知道的東西並不多，不過他很會說話，他可以用非常通俗、幽默的語言和老百姓討論很深的問題，他也可以用非常漂亮、文雅的語言，做一個正式的電視講話。

A. 是啊！儘管克林頓他有一大堆的醜聞，但老百姓就是喜歡他。您呢？克林頓做了那麼多對不起您的事，難道您不傷心嗎？您幹嘛不跟他離婚呢？

B. 離婚？咳，我不是沒想過離婚，特別是很多人看不起我，諷刺我，有時候我真沒法面對這種情況。可是，想想我們一起走過的風風雨雨，我還是捨不得。而且，每個人都會做錯事，我沒有那麼狠心，我能原諒他。

A. 哇，我相信克林頓先生聽您這麼說，一定會很感動。您能不能談談你們的戀愛史？你們是不是一見鍾情？

B. 我對 Bill 算不上一見鍾情，在耶魯的時候，我們每天在一起學習，他很有幽默感，總是有講不完的笑話，他還給我寫過很多詩，押韵押得很漂亮，慢慢地，我開始崇拜他了。

A. 那，你還記得他向你求婚的情景嗎？

B. 當然記得，第一次求婚是我們研究生畢業去英國旅行的時候，不過被我拒絕了。

A. 那後來呢？

B. 後來他沒有打退堂鼓，他還一直追求我，幾年以後，他又暗示我，希望我嫁給他。

A. 他是怎麼暗示您的？

B. 他買了一所房子，然後告訴我，這所房子需要一個女主人。

A. 你就這麼答應嫁給他了？

B. 對呀，當時我很感動，因爲那所房子，是我們一起散步的時候看到的。我當時隨便說了一句"這所房子挺漂亮的"。沒想到他就買了下來，那是他買的第一所房子。

A. 克林頓先生這麼浪漫啊？

B. 他是很浪漫。問題是他不只對我浪漫，還對別的女人浪漫，很過分。

A. 那是以前，他不當總統以後，還繼續做讓你難過的事情嗎？

B. 他當總統的時候，他是中心人物，我一直沒有機會表現，總坐冷板凳，現在跟以前不一樣了，我靠自己的能力得到了很多人的支持，只差一點就選上總統，我不關心他給我搞什麼醜聞，我更關心美國的政治。

看小剧学动作动词 (看小劇學動作動詞)
Skit and Action Verbs

臭死了！

Watch the video (available at www.mychinesclass.com/video) to learn the action verbs and then retell the story in your own words.

Notes:
- 臭 chòu: stinky, smelly
- 按摩 ànmó : massage

动作动词用法/動作動詞用法

- **捏** | 捏 | niē | 那孩子真可爱，每个人看了他，都想捏捏他的小脸。/老公说错了话，老婆在他腿上捏了一下，疼得他大叫！/那孩子用粘土捏了一只小兔子。/这里太臭了！大家都捏着鼻子，不敢呼吸。/累了一天，我的脖子和肩膀都很紧，你帮我捏捏吧！ | 那孩子真可愛，每個人看了他，都想捏捏他的小臉。/老公說錯了話，老婆在他腿上捏了一下，疼得他大叫！/那孩子用粘土捏了一隻小兔子。/這裏太臭了！大家都捏著鼻子，不敢呼吸。/累了一天，我的脖子和肩膀都很緊，你幫我捏捏吧！

- **扇** | 扇 | shān | 太热了！她没有扇子，只能拿张纸扇扇风，凉快一下。/你放屁啦！臭死了，快扇一扇。 | 太熱了！她沒有扇子，只能拿張紙扇扇風，涼快一下。/你放屁啦！臭死了，快扇一扇。

- **消** | 消 | xiāo | 他昨天头上被蚊子咬了个包，今天消了。/他又生气了吗？快想个办法让他开心一下，消消气。 | 他昨天頭上被蚊子咬了個包，今天消了。/他又生氣了嗎？快想個辦法讓他開心一下，消消氣。

- **趴** | pā | 她趴在桌上睡着了。/ 小心！快趴下！/ 他的背一躺下去就疼，只好趴着睡。/小狗趴在主人的身边，静静地等着。 | 她趴在桌上睡著了。/ 小心！快趴下！/ 他的背一躺下去就疼，只好趴着睡。/小狗趴在主人的身邊，靜靜地等著。 | L3 动作动词 | L3 動作動詞

- **捶** | 捶 | chuí | 他非常难过，却做不了什么，只能握起了拳头，在墙上捶了又捶。/他给妈妈捶了捶背，又捶了捶腿，妈妈不但身上舒服，心里更是舒服极了！ | 他非常難過，卻做不了什麼，只能握起了拳頭，在墙上捶了又捶。/他給媽媽捶了捶背，又捶了捶腿，媽媽不但身上舒服，心裏更是舒服極了！

Notes for the sample sentences:
- 粘土 | 粘土 | niántǔ | clay
- 兔子 | 兔子 | tùzǐ | rabbit
- 敢 | 敢 | gǎn | dare
- 呼吸 | 呼吸 | hūxī | to breathe, breath
- 脖子 | 脖子 | bózi | neck

- 肩膀 | 肩膀 | jiānbǎng | shoulder
- 紧 | 緊 | jǐn | tight
- 扇子 | 扇子 | shànzi | fan
- 蚊子 | 蚊子 | wénzi | mosquito
- 咬 | 咬 | yǎo | to bite
- 包 | 包 | bāo | bump
- 躺 | 躺 | tǎng | to lie down
- 握 | 握 | wò | grip
- 拳头 | 拳頭 | quántou | fist
- 墙 | 墙 | qiáng | wall

第十二课　　健康与美食/健康與美食

听录音回答问题 (聽錄音回答問題) Listening Comprehension

对话一 (對話一) Dialogue 1:

Dialogue 1:.Listen to this conversation between A-Qiang and his wife when he comes back from dinner at an American friend's house. Try to learn new words from context clues. The vocabulary you learn in this dialogue will help you comprehend the reading text in the later section.

不外乎 | 食欲 | 生菜 | 牛排 | 吃惊 | 优秀
不外乎 | 食欲 | 生菜 | 牛排 | 吃驚 | 優秀
bù wài hū | shíyù | shēngcài | niúpái | chījīng | yōuxiù

生词复习 (生詞複習)

- 老婆 | 老婆 | lǎopó | wife | L11
- 饿 | 餓 | è | hungry |
- 请客 | 請客 | qǐngkè | to invite to dinner |
- 除了 | 除了 | chúle | apart from, besides, except |
- 可怜 | 可憐 | kělián | miserable | L9
- 咱 | 咱 | zán | we (include listener) |
- 手艺 | 手藝 | shǒuyì | craftmanship | L10
- 主意 | 主意 | zhǔyì | idea |
- 出差 | 出差 | chūchāi | to have business travel | L9
- 各种各样 | 各種各樣 | gè zhǒng gè yàng | a variety of |

- 炫耀 | 炫耀 | xuànyào | to show off | L10
- 敢 | 敢 | gǎn | dare to | L5
- 相信 | 相信 | xiāngxìn | to believe |
- 娶 | 娶 | qǔ | to marry a man | L2
- 算了 | 算了 | suànle | forget it! | L1 动作动词小剧
- 留 | 留 | liú | to keep, to remain | L6

根据对话一回答问题

- 朋友请阿强吃饭，阿强为什么回家还那么饿呢？
- 阿强为什么建议老婆周六做二十个菜？
- 为什么阿强的老婆不希望外国男人娶中国女人？这改变了他们周六的计划吗？阿强怎么认为？

你的看法

- 说一说，你去别人家做客的经验。
- 你或你的爸爸妈妈请过客吗？为什么请客？你们请客人吃什么？

(繁體)
根據對話一回答問題：
- 朋友請阿強吃飯，阿強爲什麽回家還那麽餓呢？
- 阿強爲什麽建議老婆周六做二十個菜？
- 爲什麽阿強的老婆不希望外國男人娶中國女人？這改變了他們週六的計劃嗎？阿強怎麽認爲？
你的看法
- 說一說，你去別人家做客的經驗。
- 你或你的爸爸媽媽請過客嗎？爲什麽請客？你們請客人吃什麽？

对话二 (對話二) Dialogue 2:

Dialogue 2: Listen to this conversation between Xiaoqiang and his mom at the dinner table. Try to learn new words from context clues.The vocabulary you learn in this dialogue will help you comprehend the reading text in the later section.

萝卜 | 土豆 | 蒸 | 烧 | 蔬菜 | 营养

蘿蔔 | 土豆 | 蒸 | 燒 | 蔬菜 | 營養

luóbo | tǔdòu | zhēng | shāo | shūcài | yíngyǎng

生词复习 (生詞複習)

- 丰富 | 豐富 | fēngfù | rich, abundant | L6, L8
- 尝 | 嘗 | cháng | to taste |
- 西红柿 | 西紅柿 | xīhóngshì | tomato |
- 黄瓜 | 黄瓜 | huángguā | cucumber |
- 叉子 | 叉子 | chāzi | fork |
- 讨厌 | 討厭 | tǎoyàn | to hate | L3
- 炸 | 炸 | zhà/zhá | to fry |
- 原本 | 原本 | yuánběn | original | L3, L5
- 新鲜 | 新鮮 | xīnxiān | fresh |
- 无所谓 | 無所謂 | wúsuǒwèi | not matter | L6, L8
- 傻 | 傻 | shǎ | stupid, silly, stunned | L7
- 肉 | 肉 | ròu | meat |
- 炒 | 炒 | chǎo | to stir-fry |
- 管 | 管 | guǎn | to interfere, to take care for |
- 帅 | 帥 | shuài | handsome |
- 限制 | 限制 | xiànzhì | to restrict | L5

- 球赛 | 球賽 | qiúsài | ball games | L1
- 自由 | 自由 | zìyóu | free, freedom, freely |
- 逼 | 逼 | bī | force | L3
- 抓 | 抓 | zhuā | to grab, to catch | L7

根据对话二回答问题

- 小强的妈妈今天给他做了哪些颜色的漂亮好菜？她做了土豆吗？
- 妈妈做的鱼小强喜欢吗？为什么？
- 小强不喜欢吃肉吗？妈妈怎么说呢？小强听妈妈的话吗？为什么？

你的看法

- 说一说你最喜欢吃的菜。这个菜怎么做才好吃？
- 如果一个孩子只喜欢吃肉，不喜欢吃蔬菜。你觉得爸爸妈妈应该怎么做？

(繁體)

根據對話二回答問題
- 小强的媽媽今天給他做了哪些顏色的漂亮好菜？她做了土豆嗎？
- 媽媽做的魚小强喜歡嗎？爲什麼？
- 小强不喜歡吃肉嗎？媽媽怎麼說呢？小强聽媽媽的話嗎？爲什麼？

你的看法
- 說一說你最喜歡吃的菜。這個菜怎麼做才好吃？
- 如果一個孩子只喜歡吃肉，不喜歡吃蔬菜。你覺得爸爸媽媽應該怎麼做？

对话三 (對話三) Dialogue 3:

Dialogue 3: Listen to this conversation between A-Jian and his friend Annie on Chinese food. Try to learn new words from context clues. The vocabulary you learn in this dialogue will help you comprehend the reading text in the later section.

左宗棠鸡 | 色香味 | 无处不在 | 北京烤鸭 | 地区 | 向往
左宗棠鷄 | 色香味 | 無處不在 | 北京烤鴨 | 地區 | 嚮往
Zuǒ Zōngtáng jī | sè xiāng wèi | wúchù bù zài | Běijīng kǎoyā | dìqū | xiàngwǎng
先进 | 禁不住 | 相聚 | 精通 | 气候 | 特色菜
先進 | 禁不住 | 相聚 | 精通 | 氣候 | 特色菜
xiānjìn | jīnbuzhù | xiāngjù | jīngtōng | qìhòu | tèsè cài

生词复习 (生詞複習)

- 教 | 教 | jiāo | to teach |
- 请教 | 請教 | qǐngjiào | to consult | L10
- 日子 | 日子 | rìzi | days, life |
- 可惜 | 可惜 | kěxí | unfortunately | L9
- 怀念 | 懷念 | huáiniàn | to miss (the old times) | L1, L4
- 的确 | 的確 | díquè | indeed |
- 差 | 差 | chà | bad, inferior |
- 留学 | 留學 | liúxué | to study abroad | L3
- 何况 | 何況 | hékuàng | What's more | L3 语法
- 羡慕 | 羡慕 | xiànmù | to envy | L8
- 技术 | 技術 | jìshù | technology | L9
- 放弃 | 放棄 | fàngqì | to give up | L9

- 可惜 | 可惜 | kěxí | what a pity, unfortunately | L9
- 发达 | 發達 | fādá | developed | L9
- 寂寞 | 寂寞 | jìmò/jímò | lonely | L8
- 相聚 | 相聚 | xiāngjù | to gather together | L8 聚会
- 贡献 | 貢獻 | gòngxiàn | to contribute, contribution | L11
- 追求 | 追求 | zhuīqiú | to pursue | L1, L4
- 个人 | 個人 | gèrén | personal | L1
- 享受 | 享受 | xiǎngshòu | to enjoy, enjoyment | L1, L2, L4
- 爱国 | 愛國 | àiguó | patriotic |
- 精神 | 精神 | jīngshén | spirit | L1
- 感动 | 感動 | gǎndòng | moving, to feel moved | L5
- 事业 | 事業 | shìyè | cause |
- 发展 | 發展 | fāzhǎn | development of |
- 一帆风顺 | 一帆風順 | yīfānfēngshùn | to have a smooth sailing | L10
- 舍得 | 捨得 | shědé | to not feel reluctant | L3
- 清新 | 清新 | qīngxīn | fresh | L7
- 空气 | 空氣 | kōngqì | air | L4, L7
- 环境 | 環境 | huánjing | surroundings | L4, L5

根据对话三回答问题

- 安妮来找阿健，想让阿健教她什么？阿健教她了吗？为什么？
- 安妮觉得在美国吃中国饭容易吗？为什么？阿健对美国的中国饭馆有什么看法？安妮同意吗？安妮喜欢中国菜吗？你怎么知道？
- 阿健在美国学什么？安妮觉得阿建毕业以后应该在哪儿工作？为什么？阿健觉得呢？他如果回了中国，会怀念什么？

你的看法

- 如果你可以在中国开一家饭馆。你会开中国饭馆？美国饭馆？还是什么样的饭馆？为什么？
- 如果一个中国人到美国（或你的国家）来留学，你觉得他毕业以后应该回中国还是留在美国？如果一个美国人（或来自你的国家的人）去中国留学，你觉得他毕业以后，有可能会为了什么想留在中国？

(繁體)
根據對話三回答問題：
- 安妮來找阿健，想讓阿健教她什麼？阿健教她了嗎？爲什麼？

- 安妮覺得在美國吃中國飯容易嗎？爲什麼？阿健對美國的中國飯館有什麼看法？安妮同意嗎？安妮喜歡中國菜嗎？你怎麼知道？
- 阿健在美國學什麼？安妮覺得阿建畢業以後應該在哪兒工作？爲什麼？阿健覺得呢？他如果回了中國，會懷念什麼？

你的看法

- 如果你可以在中國開一家飯館。你會開中國飯館？美國飯館？還是什麼樣的飯館？爲什麼？
- 如果一個中國人到美國（或你的國家）來留學，你覺得他畢業以後應該回中國還是留在美國？如果一個美國人（或來自你的國家的人）去中國留學，你覺得他畢業以後，有可能會爲了什麼想留在中國？

听力生词 (聽力生詞) Dialogue Vocabulary

1. 吃惊 | 吃驚 | chījīng | to be surprised; to be shocked; to be amazed | 他说他离婚了，我们都很吃惊。/听他这么说，我吃了一惊。/ 他小小年纪就挑起养家的重担，让我们大吃一惊。 | 他說他離婚了，我們都很吃驚。/聽他這麼說，我吃了一驚。/ 他小小年紀就挑起養家的重擔，讓我們大吃一驚。 (离婚 | 離婚 | líhūn | divorce | 挑 | 挑 | tiāo | to carry | L9 养家 | 養家 | yǎngjiā | to raise the family | L5 | 重担 | 重擔 | zhòngdàn | heavy burden | L9)

2. 不外乎 | 不外乎 | búwàihū | nothing else but | 他的歌不外乎爱呀、情呀。/他每天哭喊不外乎两个原因，一是被逼练钢琴，一是被迫吃蔬菜。 | 他的歌不外乎愛呀、情呀。/他每天哭喊不外乎兩個原因，一是被逼練鋼琴，一是被迫吃蔬菜。 （喊 | 喊 | hǎn | to call out, to yell | L3 | 原因 | 原因 | yuányīn | the reason | 逼 | 逼 | bī | to force | L3 | 钢琴 | 鋼琴 | gāngqín | piano | L3 | 迫 | 迫 | pò | to force | L9 被迫）

3. 生菜 | 生菜 | shēngcài | an uncooked vegetable; lettuce | |

4. 牛排 | 牛排 | niúpái | beef steak | 羊排/ 猪排/ 鱼排 | 羊排/ 豬排/ 魚排

5. 食欲 | 食欲 | shíyù | appetite | 运动可以增进食欲。/我的问题不是没食欲，而是食欲太强。/跟这样的人一起吃饭，让我一点食欲都没有。 | 運動可以增進食欲。/我的問題不是沒食欲，而是食欲太強。/跟這樣的人一起吃飯，讓我一點食欲都沒有。 （增进 | 增進 | zēngjìn | to enhance | L12 (阅读生词)

6. 优秀 | 優秀 | yōuxiù | outstanding; excellent | 优秀运动员/优秀的老师/这个学生向来表现优秀。/他的成绩很优秀。| 優秀運動員/優秀的老師/這個學生向來表現優秀。/他的成績很優秀。 （运动员 | 運動員 | yùndòngyuán | athlete | L1 | 向来 have been (阅读生词) | 表现 | 表現 | biǎoxiàn | performance | L11 | 成绩 | 成績 | chéngjī | grade | L4, L9）

7. 烧 | 燒 | shāo | to stew after frying or to fry after stewing; to cook | 烧鸡/烧豆腐/烧牛肉/烧茄子/你休息吧，我来烧饭。 | 燒雞/燒豆腐/燒牛肉/燒茄子/你休息吧，我來燒飯。 (鸡 | 雞 | jī | chicken | 豆腐 | 豆腐 | dòufu | tofu | 茄子 | 茄子 | qiézi | eggplant)

8. 蒸 | 蒸 | zhēng | to steam | 蒸馒头/蒸包子/清蒸鱼 | 蒸饅頭/蒸包子/清蒸魚 (馒头 | 饅頭 | mántou | plain bun | 包子 | 包子 | bāozi | bun with fillings)

9. 萝卜 | 蘿蔔 | luóbo | radish | 白萝卜/胡萝卜(or 红萝卜) : carrot | 白蘿蔔/胡蘿蔔(or 紅蘿蔔) : carrot

10. 蔬菜 | 蔬菜 | shūcài | vegetables; greens | 蔬菜丰收了。/这片土地上种了很多蔬菜。 | 蔬菜豐收了。/這片土地上種了很多蔬菜。 (丰收 | 豐收 | fēngshōu | good harvest | L12 (阅读生词)

11. 无处不在 | 無處不在 | wúchù búzài | to exist everywhere | 在美国，中国饭馆无处不在。/这种迷信观念无处不在。 | 在美國，中國飯館無處不在。/這種迷信觀念無處不在。 （迷信 | 迷信 | míxìn | superstition | L5 | 观念 | 觀念 | guānniàn | concept | L2, L3, L5）

12. 相聚 | 相聚 | xiāngjù | to get together | 跟朋友相聚/跟亲戚相聚/老同学们偶尔相聚一次。 | 跟朋友相聚/跟親戚相聚/老同學們偶爾相聚一次。 (亲戚 | 親戚 | qīnqī | relative | 偶尔 | 偶爾 | ǒu'ěr |occasionally | L9)

13. 地区 | 地區 | dìqū | region; area; district | 多山的地区/发达地区/贫穷地区/你住的那个地区环境怎么样？ | 多山的地區/發達地區/貧窮地區/你住的那個地區環境怎麼樣？ （发达 | 發達 | fādá | developed | L9| 贫穷 | 貧窮 | pínqióng | poverty | L1, L4, L5 | 环境 | 環境 | huánjìng | surroundings, environment | L4, L5）

14. 色香味 | 色香味 | sè xiāng wèi | color, smell, and flavor | 中国人做菜讲究色香味俱全。 | 中國人做菜講究色香味俱全。 (讲究 | 講究 | jiǎngjiù | to be particular about, to pay great attention to | L2 | 俱全 | 俱全 | jùquán | to include all)

15. 北京烤鸭 | 北京烤鴨 | Běijīng kǎoyā | Peking duck | 一只北京烤鸭 | 一隻北京烤鴨

16. 左宗棠鸡 | 左宗棠鷄 | Zuǒ Zōng-táng jī | General Tso's Chicken | also known as 左公鸡、宫保鸡丁(Gōngbǎo jīdīng) | also known as 左公鷄、宮保鷄丁

17. 禁不住 | 禁不住 | jīnbuzhù | can't help doing sth; can't refrain from; =不禁 | 看见她的头发，我们都禁不住(/不禁)大笑起来。/这么好吃的菜，我禁不住(/不禁)吃了一盘又一盘。 | 看見她的頭髮，我們都禁不住(/不禁)大笑起來。/這麼好吃的菜，我禁不住(/不禁)吃了一盤又一盤。 (盘 | 盤 | pán | plate)

18. 气候 | 氣候 | qìhòu | climate | 温和的气候/热带气候/ 寒带(hándài)气候 | 溫和的氣候/熱帶氣候/ 寒帶(hándài)氣候 (温和 | 溫和 | wēnhé | mild | L7)

19. 精通 | 精通 | jīngtōng | to get a thorough knowledge of; to have a good command of | 他精通英语。/他精通中国历史。/你至少要精通一门手艺。 | 他精通英語。/他精通中國歷史。/你至少要精通一門手藝。 (手艺 | 手藝 | shǒuyì | craftmanship, skill) | L10)

20. 向往 | 嚮往 | xiàngwǎng | to yearn for; to look forward to | 向往自由/ 令人向往的幸福生活 | 嚮往自由/ 令人嚮往的幸福生活 (自由 | 自由 | zìyóu | free | L5 | 幸福 | 幸福 | xìngfú | happiness)

21. 先进 | 先進 | xiānjìn | advanced | 先进的网络技术/先进的教育制度/ 先进和落后是相对的。 | 先進的網絡技術/先進的教育制度/ 先進和落後是相對的。 (网络 | 網絡 | wǎngluò | the internet | 技术 | 技術 | jìshù | technology | L9 | 教育 | 教

育 | jiàoyù | education | L2, L3 | 制度 | 制度 | zhìdù | system | L6, L11 | 落后 | 落後 | luòhòu | behind | L5 | 相对 | 相對 | xiāngduì | relatively | L11)

口语用法 (口語用法) Oral Expressions

(复习)
A: 我相信你回国以后事业发展一定会一帆风顺。B:**希望如此。** (I hope so, L9)

(繁體) A: 我相信你回國以後事業發展一定會一帆風順。B:**希望如此。**

1. <u>你一会儿这样，一会儿那样，像个孩子似的。</u>("一会儿这样，一会儿那样" is used when you complain about someone changing his mind from time to time. You can also replace "这样" and "那样" with a verb phrase if you want to be more specific, such as "一会儿想去，一会儿又不想去").

你一会儿这样，一会儿那样, 真烦人。
It is such an annoyance when you change your mind from time to time.

你一会儿想去，一会儿不想去。我不管你了！
You want to go one moment, but don't want to go the next moment. I'll leave you alone.

他**一会儿**说她很文雅，**一会儿**又说她没有礼貌？你怎么这样变来变去？
Why did he say that she is graceful at one moment and then say that she has bad manners at the next moment? How can you flip-flop like a silly frog?

(繁體) 你**一會兒**這樣，**一會兒**那樣，像個孩子似的。 | 你**一會兒**這樣，**一會兒**那樣, 真煩人。 | 你**一會兒**想去，**一會兒**不想去。我不管你了！ | 他**一會兒**說她很文雅，**一會兒**又說她沒有禮貌？你怎麼這樣變來變去？ |

(复习) 像...似的 | 像...似的 | sì de | L8 | 烦 | 煩 | fán | L7 | 文雅 | 文雅 | wényǎ | L11 | 礼貌 | 禮貌 | lǐmào | L11

2. <u>来了来了！</u> ("来了来了" is used to tell people that you are coming now, or that someone / something is coming now after a long wait).

A: 该上车了！我们马上就要离开了！
B: 来了来了！
A: It is time to get on the bus! We will depart soon.
B: I am coming.

来了来了，不好意思，让你们久等了。
Here I am. Sorry about making you wait.

(服务员)：**来了来了**。这是您要的炒饭，和您的牛肉面。

108

(Waiter): Here you are. This is your stir-fried rice and your beef noodles.

A: 等了这么久，小张怎么还不来啊！
B: **来了来了**，你看连女朋友也一起带来了。
A: We have been waiting for so long. Why hasn't Little Zhang shown up yet?
B: Here he is. Look, he brought his girlfriend too.

(繁體) A: 該上車了！我們馬上就要離開了！B: **來了來了**！ | **來了來了**，不好意思，讓你們久等了。 | (服務員): **來了來了**。這是您要的炒飯，和您的牛肉麵。 | A: 等了這麼久，小張怎麼還不來啊！B: **來了來了**，你看連女朋友也一起帶來了。

3. 你喜欢**也**得吃，不喜欢**也**得吃。("…也+VP, …也+VP" means there is only one possible outcome regardless of which of the opposite situations mentioned in the two clauses actually happens).

你喜欢**也**得吃，不喜欢**也**得吃。
Whether you like it or not, you have to eat it.

你要继续住**也**好，要搬走**也**好，明天以前得让我知道。
Whether you want to stay or move out, you have to give me an answer by tomorrow.

我瞒着他他**也**抱怨，告诉他他**也**抱怨。
Whether I tell him or not, he complains.

(繁體) 你喜歡**也**得吃，不喜歡**也**得吃。 | 你要繼續住**也**好，要搬走**也**好，明天以前得讓我知道。 | 我瞞著他他**也**抱怨，告訴他他**也**抱怨。

(复习) 继续 | 繼續 | jìxù | L4 | 瞒 | 瞞 | mán | L9 | 抱怨 | 抱怨 | bàoyuàn | L6, L11

4. **那倒也是。**(When you use "那倒也是", you indicate that, upon further consideration, you agree with the speaker).

A: 我们找小林帮忙吧！
B: 他是个挺固执的人，找他帮忙很可能会碰钉子，说不定他会反对我们做这件事。

A: **那倒也是**。咱们还是先瞒着他好了。
A: Let's ask Little Lin for help
B: He is a stubborn person. We are likely to be snubbed if we ask him for help. Perhaps he will even give us opposition.
A: Yeah, I guess you are right. Let's not let him know about it for now.

A: 小李对公司的利益怎么一副毫不在乎的样子？我真想把他给解雇了！

B: 他虽然有一点不在乎，但对公司还是有很大贡献的。再说，把他解雇了，要重新找人也不容易啊！

A: **那倒也是。**

A: How come Little Li appears not to care about the interests of the company at all? I really want to fire him.

B: He is a little indifferent to the company's interests, but he still makes a big contribution to the company. Besides, if you fire him, it also wouldn't be easy to recruit a new person.

A: Yeah, I guess you are right.

(繁體) A: 我們找小林幫忙吧！ B: 他是個挺固執的人，找他幫忙很可能會碰釘子，說不定他會反對我們做這件事。 A: **那倒也是。** 咱們還是先瞞著他好了。 | | A: 小李對公司的利益怎麼一副毫不在乎的樣子？我真想把他給解雇了！ B: 他雖然有一點不在乎，但對公司還是有很大貢獻的。再說，把他解雇了，要重新找人也不容易啊！ A: **那倒也是。**

(复习) 固执 | 固執 | gùzhí | L10 | 碰钉子 | 碰釘子 | pèngdīngzi | L11 | 反对 | 反對 | fǎnduì | L2, L5 | 利益 | 利益 | lìyì | L11 | 一副 …的样子 | 一副…的樣子 | yī fù de yàngzi | L7 | 毫不在乎 | 毫不在乎 | háo bùzàihū | L11 | 解雇 | 解雇 | jiěgù | L9 | 贡献 | 貢獻 | gòngxiàn | L11

5. 这里中国饭的味道**的确**很差。("的确" means "indeed, really" .It can also be said as "的确是", "的确"and "的确是"are used to strengthen one's positive response to another's comments or questions).

你说的没错，他这个人**的确**很喜欢炫耀。
You were right. He indeed likes to show off.

官僚作风**的确**是很难避免的。
Bureaucracy is indeed hard to avoid.

他**的确**不太了解当时的情况。
It's true that he didn't really understand the situation at the time.

(繁體) 這裏中國飯的味道**的確**很差。 | 你說的沒錯，他這個人**的確**很喜歡炫耀。 | 官僚作風**的確**是很難避免的。 | 他**的確**不太暸解當時的情況。

(复习) 炫耀 | 炫耀 | xuànyào | L10 | 官僚作风 | 官僚作風 | guānliáo zuòfēng | L11 | 避免 | 避免 | bìmiǎn | L4, L5

6. **别提了!** (I don't want to talk about it; I don't want to mention it)

A: 人家说重庆美女满大街。怎么样？你碰到美女没有？

110

B: **别提了**，不但没碰到美女，还被丑女骂了。

A: They say that there are beauties everywhere on the streets of Chongqing. How was your experience? Did you encounter beauties?

B: I don't want to talk about it. I didn't encounter any beauty; instead, I was reprimanded by some ugly women.

A: 你进的是大公司，福利制度应该不错吧！

B: **别提了**，什么福利都没有，还得小心，做不好会被解雇呢。

A: You joined a big company. I suppose that they have good benefits.

B: Don't talk about that. I don't have any benefits at all; besides, I have to be careful not to make mistakes or they will fire me.

(繁體) A: 人家說重慶美女滿大街。怎麼樣？你碰到美女沒有？B: **別提了**，不但沒碰到美女，還被醜女罵了。 | A: 你進的是大公司，福利制度應該不錯吧！B: **別提了**，什麼福利都沒有，還得小心，做不好會被解雇呢。

(复习) 重庆 | 重慶 | Chóngqìng | L11 | 丑 | 醜 | chǒu | * | 骂 | 罵 | mà | L3 小剧，L11 | 福利 | 福利 | fúlì | L11 | 制度 | 制度 | zhìdù | L6, L11

7. **别这么说，我都不好意思了。** ("别这么说" means "please don't say that." It can be used to respond to praise or to give others a comfort or suggestion).

A: 你真是了不起，懂得那么多，却从来都不自大。

B: **别这么说**，我都不好意思了。

A: You are really something. You are so knowledgeable but you never show off in front of others.

B: Don't say so. I'm embarrassed.

A: 真是不好意思，我在这儿就像是多余的，什么也帮不上。

B: **你别这么说**。有你在我们就高兴得很，什么忙也不需要你帮。

A: I'm really sorry. I feel like I'm unneeded. There is nothing I can do to help.

B: Don't say that. We are so happy that you are here. You don't need to help with anything.

你别这么说，他会生气的。Don't say that. He will be angry.

(繁體) A: 你真是了不起，懂得那麼多，卻從來都不自大。B: **別這麼說**，我都不好意思了。 | A: 真是不好意思，我在這兒就像是多餘的，什麼也幫不上。B: **你別這麼說**。有你在我們就高興得很，什麼忙也不需要你幫。 | 你別這麼說，他會生氣的。

(复习) 自大 | 自大 | zìdà | L10 夜郎自大

8. <u>怪不得</u> (When "怪不得" means "no wonder", it is equal to "难怪"; When there is an object after "怪不得", it means "can't blame") See L6

A: 这道菜是从餐厅买的，不是我自己做的。
B: **怪不得 (/难怪)** 这么好吃，我还以为你有这么好的手艺呢！
This was bought from a restaurant, not made by me.
No wonder it's so delicious. I almost thought you had great cooking skills.

他给你打了那么多次电话你都不回，**怪不得 (/难怪)** 人家现在不理你了。
He called you so many times and you never answered. No wonder he does not want to talk to you now. (You can't blame that he doesn't talk to you now).

这工作是你自己要做的，现在弄得这么累，只能怪你自己，**怪不得** 别人。
You are the one who wanted this job. Now you get so tired. There is no one but yourself to blame.

(繁體) A: 這道菜是從餐廳買的，不是我自己做的。B: **怪不得 (/難怪)** 這麼好吃，我還以爲你有這麼好的手藝呢！ | 他給你打了那麼多次電話你都不回，**怪不得 (/難怪)** 人家現在不理你了。 | 這工作是你自己要做的，現在弄得這麼累，只能怪你自己，**怪不得** 別人。 |

(复习) 多余 | 多餘 | duōyú | L11 | 手艺 | 手藝 | shǒuyì | L10

口语练习 (口語練習) **Oral Practice**

Use the oral expressions you learned for the role-play discussion

(S) + 一会儿…，一会儿… (as in 你一会儿这样，一会儿那样)
(S)…也得，不…也得… (as in 你喜欢也得吃，不喜欢也得吃)
那倒也是 /　　的确 /　　　别提了 /　　　别这么说 /
难怪/怪不得/　　来了来了

1. A B- 你们是中国人，打算请美国朋友到家里用饭。
   A 觉得应该做美国菜 B 觉得应该做中国菜。

2. A- 你是妈妈，你的孩子不喜欢吃蔬菜，你想逼他吃。B- 你是孩子，喜欢吃肉，你觉得自己想吃什么就吃什么，妈妈不应该管。

3. A B – 你们现在在美国。A 是美国人，在中国留学过一年。B 是中国人，现在在美国留学。你们讨论 B 毕业后应不应该回中国。

(繁體)

(S) + 一會兒…，一會兒… (as in 你一會兒這樣，一會兒那樣)
(S)…也得，不…也得… (as in 你喜歡也得吃，不喜歡也得吃)
那倒也是 /　　的確 /　　　別提了 /　　　別這麼說 /
難怪/怪不得/　　來了來了

1. A B- 你們是中國人，打算請美國朋友到家裏用飯。
   A 覺得應該做美國菜 B 覺得應該做中國菜。

2. A- 你是媽媽，你的孩子不喜歡吃蔬菜，你想逼他吃。B- 你是孩子，喜歡吃肉，你覺得自己想吃什麼就吃什麼，媽媽不應該管。

3. A B – 你們現在在美國。A 是美國人，在中國留學過一年。B 是中國人，現在在美國留學。你們討論 B 畢業後應不應該回中國。

听力文本 (聽力文本) Dialogue Transcripts

对话一

A. 老婆，家里有什么吃的，我快饿死了。

B. 唉？阿强，你的美国朋友不是请你吃饭吗？怎么回来还叫饿呢？

A. 哎呀，老婆，你不知道，美国人请客能有什么？不外乎生菜，牛排，看见这些我就不想吃，一点食欲都没有。

B. 他们只有生菜，牛排啊？

A. 是啊，反正几个美国朋友请我吃饭都是生菜，牛排，好像除了生菜牛排就没有别的美国菜了。

B. 这美国人也真可怜，总吃生的啊？

A. 咱没去过美国，不知道，不过这里的美国朋友请客时不外乎就这几样。

B. 哪天请你的美国朋友到家里来，让他们看看我做饭的手艺。

A. 唉，好主意，这个周六怎么样？

B. 你说请就请啊？好吧，那，几个朋友来，我做几个菜？

A. 让我想想，大为去上海出差了，玛丽明天要回国，所以，应该只有三个人来。你做２０个菜吧。

B. 什么？三个人来你让我做２０个菜？

A. 哎呀，各种各样的菜你都做一点点，炫耀一下，让这些美国人看看中国菜是什么样。

B. 他们看到以后，一定会非常吃惊，不敢相信自己的眼睛。说不定，他们吃了我做的菜，都想娶个中国老婆呢。

A. 那算了，别请他们了，咱们中国女孩子最好，最优秀，还是留着给中国人做老婆吧。

B. 不请就不请，真是的，你一会这样，一会那样，像个孩子似的。

对话二

A. 小强，吃饭了。快点，今天妈妈做的菜可丰富了，快来尝尝好不好吃。

B. 来了来了。真好看，红色是西红柿，绿色是黄瓜，嗯？这黄色的是什么？是土豆吗？

A. 是萝卜，不是土豆，妈妈明天再给你做土豆。

B. 恩，我见过红萝卜，也见过白萝卜，还有黄萝卜呀？好玩。

A. 哎，用筷子，别用叉子，又不是美国人。

B. 哎呀，妈妈，我讨厌用筷子，用筷子吃米饭太难了。

A. 那是因为你用得不好，用得好了，用筷子吃什么都没问题。来，尝尝妈妈蒸的鱼好不好吃。

B. 我不要吃蒸的东西，蒸出来的东西，没有什么味道，我喜欢吃烧的东西，烧的东西最好吃。

A. 烧鱼还得先炸，再加水煮，太麻烦了。蒸的容易，而且用水蒸的东西有菜原本的味道，你不知道，新鲜的鱼蒸出来最好吃，鱼不新鲜了才烧着吃呢。

B. 新鲜不新鲜无所谓，只要好吃就行。

A. 你这傻孩子。哎，你不能只吃肉，不吃蔬菜呀，来，吃点西红柿，还有这个炒萝卜。

B. 妈妈，我不喜欢吃蔬菜，我就喜欢吃肉

A. 你喜欢也得吃，不喜欢也得吃。

B. 哎呀，你不要什么都管，我想吃什么就吃什么。

A. 我管你是为你好，你不吃蔬菜，营养不够，容易生病！而且长大以后也不帅，娶不到漂亮的老婆。

B. 没关系，小强不要老婆。

A. 哦？为什么呀？

B. 你每天都限制我爸爸看电视球赛，我也喜欢看球赛，以后有老婆了，就不能自由看球赛了。

A. 你这孩子，年纪不大，懂得还不少。

对话三

A. 阿建，上次在你们家吃的左宗棠鸡真好吃，色香味都不错。你能不能教教我这个美国人怎么做？

B. 哎呀，安妮，真不好意思，上次的左宗棠鸡不是我做的，是我从饭馆里买的。

A. 哦，怪不得那么好吃，我以为你有这么好的做饭手艺，还想好好向你请教呢。

B. 唉，要是有了，我的日子就好过了，可惜没有，待在美国，我天天都怀念中国菜。

A. 现在在美国，中国饭馆可以说是无处不在，想吃中国菜不是问题啊！

B. 话是这么说，可是这里的中国饭都不是真正的中国饭，都是美国化了的中国饭。

A. 那倒也是，这里中国饭的味道的确很差。我在北京留学的时候，学校门口有一家非常好的饭馆，我真怀念他们的特色菜，还有北京烤鸭。

B. 你想，连你这个美国人都怀念中国饭，何况我这个中国人了。

A. 那，你住的地区一定没有好的中国饭馆喽？

B. 别提了，离我家最近的中国饭馆，开车也得半个小时，而且每个菜都是一个味道。我现在非常向往毕业回国的那一天，到时候我就可以天天吃中国饭了。

A. 可是你到美国来学医学大家都羡慕得不得了，而且这里有最先进的技术，也有很多工作机会，放弃了很可惜呀。

B. 我知道，美国各方面都很发达，很多技术都很先进，可是，在这里，我不但吃不惯美国饭，而且生活很寂寞，看到别人和家人在一起，我就禁不住想起我的家人。

B. 那倒也是。不能常常跟家人朋友相聚，是很难过的。

A. 再说，我也应该回去为我的国家做贡献，不能在这里追求个人享受。

B. 哦，阿建，你的爱国精神，真让人感动。

A. 别别别，别这么说，我都不好意思了，其实主要是因为吃不惯美国饭，也离不开家人。

B. 你是中国人，又在美国生活了五、六年，可以说是精通中西语言和文化，而且又学了最先进的技术，我相信你回国以后事业发展一定会一帆风顺。

A. 希望如此，不过，说实在的，我真舍不得这里清新的空气，漂亮的环境，而且，气候也非常好，不冷也不热。

(繁體)

對話一

A. 老婆，家裏有什麼吃的，我快餓死了。

B. 唉？阿強，你的美國朋友不是請你吃飯嗎？怎麼回來還叫餓呢？

A. 哎呀，老婆，你不知道，美國人請客能有什麼？不外乎生菜，牛排，看見這些我就不想吃，一點食欲都沒有。

B. 他們只有生菜，牛排啊？

A. 是啊，反正幾個美國朋友請我吃飯都是生菜，牛排，好像除了生菜牛排就沒有別的美國菜了。

B. 這美國人也真可憐，總吃生的啊？

A. 咱沒去過美國，不知道，不過這裏的美國朋友請客時不外乎就這幾樣。

B. 哪天請你的美國朋友到家裏來，讓他們看看我做飯的手藝。

A. 唉，好主意，這個周六怎麼樣？

B. 你說請就請啊？好吧，那，幾個朋友來，我做幾個菜？

A. 讓我想想，大爲去上海出差了，瑪麗明天要回國，所以，應該只有三個人來。你做２０個菜吧。

B. 什麼？三個人來你讓我做２０個菜？

A. 哎呀，各種各樣的菜你都做一點點，炫耀一下，讓這些美國人看看中國菜是什麼樣。

B. 他們看到以後，一定會非常吃驚，不敢相信自己的眼睛。說不定，他們吃了我做的菜，都想娶個中國老婆呢。

A. 那算了，別請他們了，咱們中國女孩子最好，最優秀，還是留著給中國人做老婆吧。

B. 不請就不請，真是的，你一會這樣，一會那樣，像個孩子似的。

對話二

A. 小強，吃飯了。快點，今天媽媽做的菜可豐富了，快來嘗嘗好不好吃。

B. 來了來了。真好看，紅色是西紅柿，綠色是黃瓜，嗯？這黃色的是什麼？是土豆嗎？

A. 是蘿蔔，不是土豆，媽媽明天再給你做土豆。

B. 恩，我見過紅蘿蔔，也見過白蘿蔔，還有黃蘿蔔呀？好玩。

A. 哎，用筷子，別用叉子，又不是美國人。

B. 哎呀，媽媽，我討厭用筷子，用筷子吃米飯太難了。

A. 那是因爲你用得不好，用得好了，用筷子吃什麼都沒問題。來，嘗嘗媽媽蒸的魚好不好吃。

B. 我不要吃蒸的東西，蒸出來的東西，沒有什麼味道，我喜歡吃燒的東西，燒的東西最好吃。

A. 燒魚還得先炸，再加水煮，太麻煩了。蒸的容易，而且用水蒸的東西有菜原本的味道，你不知道，新鮮的魚蒸出來最好吃，魚不新鮮了才燒著吃呢。

B. 新鮮不新鮮無所謂，只要好吃就行。

A. 你這傻孩子。哎，你不能只吃肉，不吃蔬菜呀，來，吃點西紅柿，還有這個炒蘿蔔。

B. 媽媽，我不喜歡吃蔬菜，我就喜歡吃肉

A. 你喜歡也得吃，不喜歡也得吃。

B. 哎呀，你不要什麼都管，我想吃什麼就吃什麼。

A. 我管你是爲你好，你不吃蔬菜，營養不夠，容易生病！而且長大以後也不帥，娶不到漂亮的老婆。

B. 沒關係，小强不要老婆。

A. 哦？爲什麼呀？

B. 你每天都限制我爸爸看電視球賽，我也喜歡看球賽，以後有老婆了，就不能自由看球賽了。

A. 你這孩子，年紀不大，懂得還不少。

對話三

A. 阿建，上次在你們家吃的左宗棠鶏真好吃，色香味都不錯。你能不能教教我這個美國人怎麼做？

B. 哎呀，安妮，真不好意思，上次的左宗棠鶏不是我做的，是我從飯館裏買的。

A. 哦，怪不得那麼好吃，我以爲你有這麼好的做飯手藝，還想好好向你請教呢。

B. 唉，要是有了，我的日子就好過了，可惜沒有，待在美國，我天天都懷念中國菜。

A. 現在在美國，中國飯館可以說是無處不在，想吃中國菜不是問題啊！

B. 話是這麼說，可是這裏的中國飯都不是真正的中國飯，都是美國化了的中國飯。

A. 那倒也是，這裏中國飯的味道的確很差。我在北京留學的時候，學校門口有一家非常好的飯館，我真懷念他們的特色菜，還有北京烤鴨。

B. 你想，連你這個美國人都懷念中國飯，何況我這個中國人了。

A. 那，你住的地區一定沒有好的中國飯館嘍？

B. 別提了，離我家最近的中國飯館，開車也得半個小時，而且每個菜都是一個味道。我現在非常嚮往畢業回國的那一天，到時候我就可以天天吃中國飯了。

A. 可是你到美國來學醫學大家都羨慕得不得了，而且這裏有最先進的技術，也有很多工作機會，放弃了很可惜呀。

B. 我知道，美國各方面都很發達，很多技術都很先進，可是，在這裏，我不但吃不慣美國飯，而且生活很寂寞，看到別人和家人在一起，我就禁不住想起我的家人。

B. 那倒也是。不能常常跟家人朋友相聚，是很難過的。

A. 再說，我也應該回去爲我的國家做貢獻，不能在這裏追求個人享受。

B. 哦，阿建，你的愛國精神，真讓人感動。

A. 別別別，別這麼說，我都不好意思了，其實主要是因爲吃不慣美國飯，也離不開家人。

B. 你是中國人，又在美國生活了五、六年，可以說是精通中西語言和文化，而且又學了最先進的技術，我相信你回國以後事業發展一定會一帆風順。

A. 希望如此，不過，說實在的，我真捨不得這裏清新的空氣，漂亮的環境，而且，氣候也非常好，不冷也不熱。

116

看小剧学动作动词 (看小劇學動作動詞)
Skit and Action Verbs

教你做西红柿炒鸡蛋

Watch the video (available at www.mychinesclass.com/video) to learn the action verbs and then retell the story in your own words.

Notes:
- 西红柿 | 西紅柿 | xīhóngshì | tomato
- 鸡蛋 | 鷄蛋 | jīdàn | chicken egg
- 颗 | 顆 | kē | measure word for round objects
- 酸 | 酸 | suān | sour
- 籽 | 籽 | zǐ | seed
- 留 | 留 | liú | to keep, to remain
- 碗 | 碗 | wǎn | bowl
- 习惯 | 習慣 | xíguàn | used to
- 筷子 | 筷子 | kuàizi | chopsticks
- 叉子 | 叉子 | chāzi | fork
- 番茄 | 番茄 | fānqié | another name for tomato (more commonly used in Taiwan)
- 油 | 油 | yóu | oil
- 稍微 | 稍微 | shāowéi | a little, slightly
- 关 | 關 | guān | to turn down or to turn off
- 盐 | 鹽 | yán | salt

动作动词用法/動作動詞用法

- **切** | 切 | qiē | 切菜/切水果/切蛋糕/把肉切成小块儿/ | 切菜/切水果/切蛋糕/把肉切成小塊兒/
- **挖** | 挖 | wā | 把籽挖出来 | 挖一球冰淇淋 | 听说地底下有好东西，我们快把它挖出来。/你这孩子，又挖鼻子了！| 聽說地底下有好東西，我們快把它挖出来。/你這孩子，又挖鼻子了！(L10 动作动词)
- **剥** | 剝 | bō | 剥橘子/这香蕉，你得把皮剥掉了再吃。| 剝橘子/這香蕉，你得把皮剝掉了再吃。
- **打** | 打 | dǎ | 他先在碗里打了两颗鸡蛋，然后用筷子，把碗里的蛋打匀。| 他先在碗裏打了兩顆鷄蛋，然後用筷子，把碗裏的蛋打匀。
- **搅** | 攪 | jiǎo | 他在咖啡里加了点糖和牛奶，拿起汤匙搅了一下。/ | 他在咖啡裏加了點糖和牛奶，拿起湯匙攪了一下。/
- **炒** | 炒 | chǎo | 做炒饭炒面，得有大锅，还得用大火。/这盘西红柿鸡蛋炒得真好吃。| 做炒飯炒麵，得有大鍋，還得用大火。/這盤西紅柿鷄蛋炒得真好吃。
- **倒** | 倒 | dào | 倒茶/倒水 （L3）| 倒茶/倒水 （L3）

- **翻搅** | 翻攪 | fān jiǎo | 大火炒菜时，得不停地快速翻搅。/我把米饭翻搅一下，不那么烫了再吃。/他很不舒服，感觉肚子里像是有什么东西在翻搅。 | 大火炒菜時，得不停地快速翻攪。/我把米飯翻攪一下，不那麼燙了再吃。/他很不舒服，感覺肚子裏像是有什麼東西在翻攪。

Notes for the sample sentences
- 块儿 | 塊兒 | kuài er | cube
- 冰淇淋 | 冰淇淋 | bīng qílín | ice cream
- 鼻子 | 鼻子 | bízi | nose
- 橘子 | 橘子 | júzi | orange
- 香蕉 | 香蕉 | xiāngjiāo | banana
- 皮 | 皮 | pí | skin
- 匀 | 匀 | yún | uniform, evenly
- 糖 | 糖 | táng | sugar
- 汤匙 | 湯匙 | tāngchí | spoon
- 锅 | 鍋 | guō | pot, wok
- 盘 | 盤 | pán | plate
- 快速 | 快速 | kuàisù | fast-speed
- 烫 | 燙 | tàng | hot

第十三课　　从革命歌曲到流行音乐/
從革命歌曲到流行音樂

听录音回答问题 (聽錄音回答問題) Listening Comprehension

对话一 (對話一) Dialogue 1:

Dialogue 1:.Listen to this conversation between Daniel and his friend on his way to the gym. Try to learn new words from context clues. The vocabulary you learn in this dialogue will help you comprehend the reading text in the later section.

体育馆 | 抗议 | 谣言 | 气温 | 呐喊
體育館 | 抗議 | 謠言 | 氣溫 | 呐喊
tǐyùguǎn | kàngyì | yáoyán | qìwēn | nàhǎn

生词复习 (生詞複習)

- 锻炼 | 鍛煉 | duànliàn | to work out | L5
- 食堂 | 食堂 | shítáng | cafeteria |
- 秘书 | 秘書 | mìshū| secretary | L2
- 群 | 群 | qún | a group of | L4, L7
- 吵 | 吵 | chǎo | loud, noisy, | L1
- 抱怨 | 抱怨 | bàoyuàn | to complain | L6, L11
- 工资 | 工资 | gōngzī| wage
- 福利 | 福利 | fúlì | welfare; benefit | L11
- 退休 | 退休 | tuìxiū | to retire; retirement | L5

- 计划 | 計劃 | jìhuà | to plan; a plan |
- 带领 | 帶領 | dàilǐng | to lead | L10
- 领导 | 領導 | lǐngdǎo | to lead; leader | L2
- 争取 | 爭取 | zhēngqǔ | to fight for | L2
- 解决 | 解決 | jiějué | L4, L5
- 签 | 簽 | qiān | to sign | L9
- 协议 | 協議 | xiéyì | agreement | L9
- 拒绝 | 拒絕 | jùjué | to refuse | L9
- 满足 | 滿足 | mǎnzú | to satisfy, satisfied | L10
- 一成不变 | 一成不變 | yīchéngbùbiàn | to refuse minuman change | L10
- 起作用 | 起作用 | qǐ zuòyòng | to be functional | L12
- 团体 | 團體 | tuántǐ | group | L5
- 动不动就 | 動不動就 | dòngbùdòng jiù | easily; at every turn | L3
- 进行 | 進行 | jìnxíng | to carry on, to proceed | L1, L5
- 态度 | 態度 | tàidù | attitude | L5
- 组织 | 組織 | zǔzhī | to organize | L2
- 支持 | 支持 | zhīchí | to support | L5
- 咱(们) | 咱(們) | zánmen | we (include listner) |

根据对话一回答问题：

- 丹尼(Dānní)想去哪儿锻炼身体？那天的天气怎么样？他为什么锻炼不成？
- 什么样的人在进行着那个活动？丹尼听以前说过这件事吗？
- 那些人为什么要进行这个活动？ 他们怎样进行这个活动？
- 学校领导对这个活动持什么样的态度？丹尼和朋友呢？

你的看法

- 如果学校的职员组织抗议活动，要求学校给他们更好的工资和福利，你会支持他们吗？为什么？
- 说一说你知道的抗议活动？那些人为什么抗议？他们的抗议有没有用？为什么？

(繁體)
根據對話一回答問題：
- 丹尼想去哪兒鍛煉身體？那天的天氣怎麼樣？他爲什麼鍛煉不成？
- 什麼樣的人在進行著那個活動？丹尼聽以前說過這件事嗎？
- 那些人爲什麼要進行這個活動？ 他們怎樣進行這個活動？

- 學校領導對這個活動持什麼樣的態度？丹尼和朋友呢？

你的看法

- 如果學校的職員組織抗議活動，要求學校給他們更好的工資和福利，你會支持他們嗎？爲什麼？
- 說一說你知道的抗議活動？那些人爲什麼抗議？他們的抗議有沒有用？爲什麼？

对话二 (對話二) Dialogue 2:

Dialogue 2: Listen to this conversation between the husband and wife about their change of plans for tonight. Try to learn new words from context clues. The vocabulary you learn in this dialogue will help you comprehend the reading text in the later section.

取消 | 演唱会 | 歌手 | 几乎 | 怀疑

取消 | 演唱會 | 歌手 | 幾乎 | 懷疑

qǔxiāo | yǎnchàng huì | gēshǒu | jīhū | huáiyí

生词复习 (生詞複習)

- 聚会 | 聚会 | jùhuì | to get together | L8
- 反正 | 反正 | fǎnzhèng | anyway | L7
- 瞒 | 瞒 | mán | to conceal | L9
- 够朋友 | 够朋友 | gòu péngyǒu | to be a true friend | L11 口语
- 果然 | 果然 | guǒrán | as expected | L7
- 交通 | 交通 | jiāotōng | traffic, transportation | *
- 堵车 | 堵车 | dǔchē | traffic jam | * L4 塞车 sāichē
- 厉害 | 厲害 | lìhai | badly, terrible *
- 难道 | 難道 | nándào | L3, L4
- 老实 | 老實 | lǎoshí | L6, L7
- 开玩笑 | 开玩笑 | kāiwánxiào | to joke | L12
- 目的 | 目的 | mùdì | purpose |
- 咱们 | 咱們 | zánmen | we (include listner)
- 相信 | 相信 | xiāngxìn | to believe

根据对话二回答问题：

- 先生为什么回家晚了？他本来准备回家后和太太一起做什么？后来呢？
- 太太让先生吃完晚饭一起做什么？先生知道后态度怎么样？
- 太太为这个活动花钱了吗？她告诉先生真话了吗？先生相信不相信她？为什么？

你的看法

- 你觉得阿强和太太之间的关系怎么样？你从哪些方面可以看出来？
- 说一说你知道的演唱会。如果你可以去听这个演唱会，你会选择和谁一起去？为什么？

(繁體)

根據對話二回答問題：
- 先生爲什麼回家晚了？他本來準備回家後和太太一起做什麼？後來呢？
- 太太讓先生吃完晚飯一起做什麼？先生知道後態度怎麼樣？
- 太太爲這個活動花錢了嗎？她告訴先生真話了嗎？先生相信不相信她？爲什麼？

你的看法
- 你覺得阿强和太太之間的關係怎麼樣？你從哪些方面可以看出來？
- 說一說你知道的演唱會。如果你可以去聽這個演唱會，你會選擇和誰一起去？爲什麼？

对话三 (對話三) Dialogue 3:

Dialogue 3: Listen to this conversation between A-hua and her friend about the Beatles and how older generations thought about Rock and Roll music. Try to learn new words from context clues. The vocabulary you learn in this dialogue will help you comprehend the reading text in the later section.

天才 | 乐队 | 专辑 | 歌迷 | 歌颂 | 摇滚乐
天才 | 樂隊 | 專輯 | 歌迷 | 歌頌 | 搖滾樂
tiāncái | yuèduì | zhuānjí | gēmí | gēsòng | yáogǔnyuè
震撼 | 邪恶 | 偷偷 | 堕落 | 风格 | 叛逆
震撼 | 邪惡 | 偷偷 | 墮落 | 風格 | 叛逆
zhènhàn | xié'è | tōutōu | duòluò | fēnggé | pànnì

生词复习 (生詞複習)

- 收集 | 收集 | shōují | to collect; collection | L10
- 保守 | 保守 | bǎoshǒu | conservative | L5
- 老一辈 | 老一辈 | lǎo yī bèi | older generation | L1
- 发现 | 发现 | fāxiàn | to find, to discover |
- 追求 | 追求 | zhuīqiú | to pursue; pursues | L1
- 呐喊 | 呐喊 | nàhǎn | to cry aloud | L13 D1
- 不满 | 不满 | bùmǎn | dissatisfied; dissatisfaction | L11
- 无奈 | 无奈 | wúnài | helpless | L11
- 表达 | 表达 | biǎodá | to express; expression | L10
- 感受 | 感受 | gǎnshòu | to feel | L8
- 了解 | 了解 | liǎojiě | to have understanding | L5

- 羡慕 | 羨慕 | xiànmù | to envy; envies | L8
- 军人 | 军人 | jūnrén | soldier |
- 当时 | 當時 | dāngshí | at that time, at the time being * | L5

根据对话三回答问题

- "披头四" (or "披头士") 是什么？丹尼和阿华都知道"披头四"吗？阿华的爸爸喜欢"披头四"吗？你怎么知道呢？
- 五十年代，中国人听的音乐和"披头四"的音乐有什么不同？早些时候中国老一辈的人限制孩子听摇滚乐？为什么？
- 六十年代到七十年代，美国的流行音乐对台湾有什么影响？为什么？

- 丹尼为什么羡慕阿华和她爸爸的关系？

你的看法

- 你喜欢摇滚乐吗？为什么？你的爸爸、妈妈、爷爷、奶奶喜欢摇滚乐吗？为什么？
- 在你看来，为什么会有那么多人喜欢披头士/披头四的音乐？
- 谈谈几个受欢迎或者有影响力的乐队或歌手。说一说他们为什么受欢迎或有影响力。

（繁體）
根據對話三回答問題：
- "披頭四" 是什麼？丹尼和阿華都知道"披頭四"嗎？阿華的爸爸喜歡"披頭四"嗎？你怎麼知道呢？
- 五十年代，中國人聽的音樂和"披頭四"的音樂有什麼不同？早些時候中國老一輩的人限制孩子聽搖滾樂？爲什麼？
- 六十年代到七十年代，美國的流行音樂對臺灣有什麼影響？爲什麼？

- 丹尼爲什麼羨慕阿華和她爸爸的關係？

你的看法
- 你喜歡搖滾樂嗎？爲什麼？你的爸爸、媽媽、爺爺、奶奶喜歡搖滾樂嗎？爲什麼？
- 在你看來，爲什麼會有那麼多人喜歡披頭士/披頭四的音樂？

- 談談幾個受歡迎或者有影響力的樂隊或歌手。說一說他們為什麼受歡迎或有影響力。

听力生词 (聽力生詞) **Dialogue Vocabulary**

1. 气温 | 氣溫 | qìwēn | air temperature |

2. 体育馆 | 體育館 | tǐyùguǎn | gymnasium; stadium | 体育课/體育課: PE class |

3. 呐喊 | 呐喊 | nàhǎn | to shout; loud shouts in support (of something) | 他们在呐喊。/他们的呐喊声很大。/为自由呐喊。 | 他們在呐喊。/他們的呐喊聲很大。/為自由呐喊。 (自由 | 自由 | zìyóu | freedom | L5)

4. 抗议 | 抗議 | kàngyì | to protest; to object; remonstrate; protest (n.) | 向政府抗议/跟老师抗议/提出抗议/学生们抗议功课太多。/老百姓向政府提出抗议。 | 向政府抗議/跟老師抗議/提出抗議/學生們抗議功課太多。/老百姓向政府提出抗議。 (政府 | 政府 | zhèngfǔ | government | L4, L5 | 老百姓 | 老百姓 | lǎobǎixìng | common people | L4, L5)

5. 谣言 | 謠言 | yáoyán | rumor |

6. 歌手 | 歌手 | gēshǒu | singer | 流行歌手/鼓手/吉他手 | 流行歌手/鼓手/吉他手 (流行 | 流行 | liúxíng | popular | L1, L2 | 鼓 | 鼓 | gǔ | drum | 吉他 | 吉他 | jítā | guitar |)

7. 演唱会 | 演唱會 | yǎnchànghuì | music concert with vocals | 开一场演唱会/办一场演唱会/钢琴演奏会(yǎnzòuhuì)/小提琴演奏会 | 開一場演唱會/辦一場演唱會/鋼琴演奏會/小提琴演奏會

8. 取消 | 取消 | qǔxiāo | to cancel | 我们取消了那个聚会/考试(被)取消了 | 我們取消了那個聚會/考試(被)取消了 (聚会 | 聚會 | jùhuì | to get together | L8)

9. 几乎 | 幾乎 | jīhū | almost | 她几乎要哭了。/你变化太大,我几乎认不出你来。 | 她幾乎要哭了。/你變化太大,我幾乎認不出你來。 (变化 | 變化 | biànhuà | change |)

10. 怀疑 | 懷疑 | huáiyí | to suspect; to have doubts; suspicions | 我怀疑你偷了我的书。/我对这个统计结果有怀疑。/他的怀疑是有道理的。 | 我懷疑你偷了我的書。/我對這個統計結果有懷疑。/他的懷疑是有道理的。 (偷 | 偷 | tōu | to steal | 统计 | 統計 | tǒngjì | statistics | L2 | 结果 | 結果 | jiéguǒ | result | L3) |

11. 乐队 | 樂隊 | yuèduì | orchestra; band | in Taiwan, "摇滚乐团/搖滾樂團" is more often used than "摇滚乐队/搖滾樂隊".

12. 专辑 | 專輯 | zhuānjí | music album | 一盘专辑/一张专辑 | 一盤專輯/一張專輯 (盘 | 盤 | pán | disc)

13. 震撼 | 震撼 | zhènhàn | to shake, to shock; shock (n.) , shaking, | 九一一事件震撼了全世界。/父亲的死,对他来说是个很大的震撼。/令人震

撼的电影/震撼人心的故事 | 九一一事件震撼了全世界。/父親的死，對他來說是個很大的震撼。/令人震撼的電影/震撼人心的故事

14. 天才 | 天才 | tiāncái | talented; talent; genius | 天才儿童/天才音乐家/他有数学方面的天才/他是一个天才。 | 天才兒童/天才音樂家/他有數學方面的天才/他是一個天才。

15. 歌迷 | 歌迷 | gēmí | music fans (迷 = fans) | 书迷/球迷/影迷/我是麦克杰克逊(Michael Jackson)的歌迷。 | 書迷/球迷/影迷/我是麥克杰克遜(Michael Jackson)的歌迷。

16. 风格 | 風格 | fēnggé | style | 做事的风格/写作风格/音乐风格/建筑风格/这幅画的风格跟他从前的创作不尽相同。 | 做事的風格/寫作風格/音樂風格/建築風格/這幅畫的風格跟他從前的創作不盡相同。 (建筑 | 建築 | jiànzhú | architecture | L4, L10 | 创作 | 創作 | chuàngzuò | creation | L13 阅读生词 | 不尽相同 | 不盡相同 | bù jìn xiāngtóng | not exactly the same | L6, L12)

17. 歌颂 | 歌頌 | gēsòng | to sing and praise | 歌颂雷锋的伟大精神/歌颂共产党/歌颂社会主义 | 歌頌雷鋒的偉大精神/歌頌共產黨/歌頌社會主義 (雷锋 | 雷鋒 | Léi Fēng | Lei Feng | L1 | 伟大 | 偉大 | wěidà | great | L1 | 精神 | 精神 | jīngshén | spirit | L1 | 共产党 | 共產黨 | gòngchǎndǎng | Communist Party | L2, L5 | 社会主义 | 社會主義 | shèhuì zhǔyì | socialism | L4, L13)

18. 邪恶 | 邪惡 | xié'è | evil; malicious | 邪恶的思想/邪恶的心灵/邪恶的做法 | 邪惡的思想/邪惡的心靈/邪惡的做法 (思想 | 思想 | sīxiǎng | thought | L6, L13 | 心灵 | 心靈 | xīnlíng | soul | L4, L5, L9)

19. 堕落 | 墮落 | duòluò | to decline (morally); corruption; decay (of morals); indulgence | 思想堕落/精神堕落/堕落的生活/你怎么堕落成这个样子？ | 思想墮落/精神墮落/墮落的生活/你怎麼墮落成這個樣子？

20. 偷偷 | 偷偷 | tōutōu | secretly; sneakily | 我偷偷告诉你，你别告诉别人喔！/爸妈不注意的时候，他偷偷地跑了出去。/考试的时候他偷偷看别人的答案。 | 我偷偷告訴你，你別告訴別人喔！/爸媽不注意的時候，他偷偷地跑了出去。/考試的時候他偷偷看別人的答案。 (答案 | 答案 | dá'àn | answer | L3, L4)

21. 叛逆 | 叛逆 | pànnì | to be disobedient (towards parents, traditions); treacherous | 叛逆的想法/叛逆的行为/他是个叛逆的孩子。/你这样做太叛逆，也太不尊重大人了。 | 叛逆的想法/叛逆的行爲/他是個叛逆的孩子。/你這樣做太叛逆，也太不尊重大人了。 (行为 | 行爲 | xíngwéi | behavior | L5 | 尊重 | 尊重 | zūnzhòng | respect)

口语用法 (口語用法) Oral Expressions

(复习)

- 他们有精神**得很**呢 （"Adj+ 得很" is used in a statement of personal opinion. It can be translated as "very." It is more colloquial and stronger in tone than "很 Adj."）
- **看来** ("看来" means "it seems" or "it looks like." It is similar to "我看", but "我看" leans more towards one's own subjective feeling, and can introduce one's suggestion; "看来" tends to introduce a judgment or estimation based on the information mentioned).
- **原来**是这样。(原来 in the discourse indicates discovery of the truth. It can be translated as "now I realize the truth is that…"). L8
- 我**可**没有别的目的。 （可 is used to emphasize something in three ways:1) "可" can be used in front of "不" or "没" to strengthen the negation. 2) "可" is used in front of an adjective to emphasize one's affirmativeness. 3) "可" can be used in front of auxiliary verb such as "要、会、得" to emphasize a warning or a request）. L1
- **可不是吗**？ ("可不是吗" is like "exactly" or "that is right" in English when you agree strongly with someone).L4
- 阿强真**够朋友** ("够" can mean "to be up to a certain standard." "够朋友" or "不够朋友" is an idiomatic way of saying a friend is a true friend or a friend does not value the friendship enough). L11
- **我看**啊，明天食堂也要关门 ("我看" is a colloquial expression meaning "I think." It brings up one's opinion, estimation, or suggestion. When you use "我看" you are a little surer than "我想.") L2
- A:快来帮我做饭。 B: **来了，来了**！ ("来了来了" is used to tell people that you are coming now, or that someone / something is coming now after a long wait). L12

(繁體) 他們有精神**得很**呢！ |**原來**是這樣。 |**可不是嗎**？ |**我看**啊，明天食堂也要關門|
A:快來幫我做飯。 B: **來了，來了**！ |

1. **上哪儿？** （ "上哪儿" means "where are you going" . Saying "上哪儿"or "上 XX 啊！" is a common way for the Chinese to greet people. When you don't think they need to know where you are going, you can response with "不上哪儿").

A: 上哪儿？
B: 上店里买点东西去。
A: Where are you going?
B: I'm going to buy something at the store.

A: 上学校接孩子啊？
B: 是啊。

130

Are you going to the school to pick up the kids?
That's right.

A: 你上**哪儿**？
B: **不上哪儿**，随便出去走走。
A: Where are you going?
B: I'm not going anywhere. I am just having a walk.

(繁體) A: 上**哪兒**？B: 上店裏買點東西去。 | A: 上學校接孩子啊？B: 是啊。 | A: 你上**哪兒**？B: **不上哪兒**，随便出去走走。|

(复习) 随便 | 隨便 | suíbiàn | casually (L11 D2*)

2. <u>**完了**, 看来这几天体育馆都不开。</u>(You say"**完了**！"，when you find something bad has happened or you know something bad is about to happen. It is like "un-oh", "oops" or "I'm toast" in English You can also say someone or something is "**完了**" when bad things are happening to another person or an object).

完了，看来这几天体育馆都不开，锻炼不成了。
Oh no! It looks like the gym won't be open for a few days. I won't be able to exercise.

完了！等会儿林叔叔一定又要劝酒，爸爸想不喝醉都不行了！
Oh no! Uncle Lin will be here later to urge father to drink again. I feel father will definitely get drunk.

A: 他在公司的性丑闻好像上报了。
A: His sex scandal in his company seems to be in the newspaper.
B: 他**完了**。不但老婆会跟他拼命，工作大概也得丢了。
B: He's done for. His wife will want to kill him; plus, he will probably also lose his joB.

哎呀！我一下子放了太多辣椒，这盘菜**完了**！
Aiya! I put too much hot pepper by accident. This dish is ruined.

(繁體) **完了**，看来這幾天體育館都不開，鍛煉不成了。 | **完了**！等會兒林叔叔一定又要勸酒，爸爸想不喝醉都不行了！ | A: 他在公司的性醜聞好像上報了。B: 他**完了**。不但老婆會跟他拼命，工作大概也得丟了。 | 哎呀！我一下子放了太多辣椒，這盤菜**完了**！ |

(复习) 劝酒 | 勸酒 | quànjiǔ | L12 | 喝醉 | 喝醉 | hē zuì* | 性 | 性 | xìng | L2 | 丑闻 | 醜聞 | chǒuwén | L11 | 老婆 | 老婆 | lǎopó | L11 | 拼命 | 拼命 | pīnmìng | L11 | 大概 | 大概 | dàgài | L1 | 丢 | 丟 | diū |* | 辣椒 | 辣椒 | làjiāo | L12

3.　取消**就**取消了，**有什么好**气的。("就" in "XX 就 XX" indicates one's passive acceptance, resignation, or indifference. Please also see Lesson 3: 口语用法 "二十分就二十分". "有什么好+VP" means, "What's the big deal," or, "It is nothing worth X").

晚会取消**就**取消了，**有什么好**气的。
Canceling the party it is no big deal; it is nothing worth getting angry about.

去**就**去，**有什么好**怕的！
Just go, it is nothing to be afraid of.

吃亏了**就**吃亏了，**有什么好**难过的！
Being taking advantage of is not a big deal. There is nothing to be upset about.

吃不开**就**吃不开吧！你**有什么好**抱怨的。
If people don't buy it they don't buy it. No big deal. There is nothing worth complaining about.

这事有那么难决定吗？**有什么好**犹豫的呢？
Is this thing that difficult to resolve? What is making you hesitate?

(繁體) 晚會取消**就**取消了，**有什麼好**氣的。 |去**就**去，**有什麼好**怕的！ |吃虧了**就**吃虧了，**有什麼好**難過的！ |吃不開**就**吃不開吧！你**有什麼好**抱怨的。 |這事有那麼難決定嗎？**有什麼好**猶豫的呢？ |

(复习) 吃亏 | 吃虧 | chīkuī | L12 | 吃不开 | 吃不開 | chībùkāi | L10 | 吃得开 | 抱怨 | 抱怨 | bàoyuàn | L6, L11 | 犹豫 | 猶豫 | yóuyù | L10

4. 你想哪儿去了？ 我可没别的目的。 (You use "你想哪儿去了？" when you think people might have misunderstood).

你想哪儿去了？ 我可没有别的目的。
What made you think that? I don't have any other purpose.

你想哪儿去了？ 我让你多运动是为你的身体好，不是嫌你胖啊！
What brought you a thought like that? I asked you to have more exercise for the good of your health. I wasn't saying you are too fat.

我没有指责你的意思，**你想哪儿去了？**
I never meant to blame you. What made you think that?

(繁體) **你想哪兒去了？** 我可沒有別的目的。 |**你想哪兒去了？** 我讓你多運動是爲你的身體好，不是嫌你胖啊！ |我沒有指責你的意思，**你想哪兒去了？** |

(复习) 目的 | 目的 | mùdì* | 嫌 | 嫌 | xián | L7 | 指责 | 指責 | zhǐzé | L11

132

5. <u>原来是这样，**我说呢！**</u> (You use "我说呢！" when you are fooled or confused momentarily, but then realize the truth. It is often used in conjunction with "原来" or "以为").

原来是这样，**我说呢!**
Now I see. It's really like this.

他的中文好原来是因为他的中国女朋友在帮他，**我说呢！**
His Chinese is good because of his Chinese girlfriend's help. Now I see.

A: 这孩子今天回来没有看电视就开始学习，是因为他明天要考试。
A: This child started studying as soon as he came home, without watching TV, because he has a test tomorrow.
B: 哦，**我说呢**。
B: Oh, I see.

(繁體) 原來是這樣，**我說呢!** | 他的中文好原來是因爲他的中國女朋友在幫他，**我說呢!** | A: 這孩子今天回來沒有看電視就開始學習，是因爲他明天要考試。B: 哦，**我說呢**。

6. <u>**看把你 Adj 得！**</u> ("看把你 Adj 得" means, "Look at you," or, "Look how XX you are").

不就是请你吃个北京烤鸭吗？**看把你高兴得!**
Wasn't what he did as simple as treating you to the Peking duck? Look how happy it made you.

没事没事，别哭了。**看把你难过得**。
It's ok, stop crying. Look how sad you are.

其他的员工也该轮流一块做啊！**看把你一个人累得**。
Other staff members should also take turns doing it. Look how tired it makes you.

(繁體)不就是請你吃個北京烤鴨嗎？**看把你高興得!** | 沒事沒事，別哭了。**看把你難過得**。 | 其他的員工也該輪流一塊做啊！**看把你一個人累得**。 |

(复习) 北京烤鸭 | 北京烤鴨 | běijīng kǎoyā | L12 | 轮流 | 輪流 | lúnliú | L8

7. <u>在老年人看来，**放着**好好的歌你不唱，在那儿喊什么？</u> (The pattern "…放着…不…" indicates one's disagreement. The speaker values the thing stated after "放着", and belittles the thing mentioned in the second clause).

放着好好的歌你不唱，在那儿喊什么？
Why do you put aside those great songs only to shout out there?

他**放着好好的**书不念，跑去玩什么摇滚乐！气死我了！
He put aside studying and ran off to listen to rock and roll music. It made me so angry I could die.

唉，我不该**放着好好的**律师不嫁，嫁给了一个没读过书的！
Sigh! I shouldn't have denied the lawyer to marry an illiterate person.

(繁體) **放著好好的**歌你不唱，在那兒喊什麼？ |他**放著好好的**書不念，跑去玩什麼搖滾樂！氣死我了！ |唉，我不該**放著好好的**律師不嫁，嫁給了一個沒讀過書的！ |

(复习) 律师 | 律師 | lǜshī | L2 | 嫁 | 嫁 | jià | L2

8.　　有时候年轻人心里的感受，老人**说什么也**不会理解的。(　　"说什么也…"　　means, "There is no way…," or, "No matter how/what…").

有时候年轻人心里的感受, 老人**说什么也不会**理解的
Sometimes there is no way for the elderly to understand the deep feelings of the young generation.

我妈**说什么也做不出**味道这么好的菜来。
There is no way my mom could cook a dish as delicious as this.

(繁體) 有時候年輕人心裏的感受, 老人**說什麼也不會**理解的 | 我媽**說什麼也做不出**味道這麼好的菜來。

(复习) 理解 | 理解 | lǐjiě | L10 | 味道 | 味道 | wèidào | L11

134

口语练习 (口語練習) Oral Practice

Use the oral expressions you learned for the role-play discussion

上哪儿?/上.../   完了，/   XX 就 XX 了 /
有什么好+Verb Phrase +(的)/ 你想哪儿去了？/
我说呢! /   看把你 XX 得 /   说什么也...
放着...不...，（as in 放着好好的歌你不唱，在那儿喊什么？）

1. A- 你是职工抗议活动的代表，你要向学校领导表达不满，并提出要求。

   B- 你是学校领导，你觉得这些职工的抗议很烦，你也不想改善他们的情况。

2. AB- 你们是夫妻。先生想让太太今晚跟她去听演唱会，太太想让先生今晚跟她去参加朋友聚会。你们得一起做个决定。

3. A- 你是爷爷或奶奶，是个老一辈的传统中国人，你反对年轻人听摇滚乐。 B- 你是孙子或孙女，你最喜欢摇滚乐，最讨厌革命歌曲。B 希望A 给他钱买演唱会的票。

(繁體)

上哪兒?/上.../   完了，/   XX 就 XX 了 /
有什麼好+Verb Phrase +(的)/ 你想哪兒去了？/
我說呢! /   看把你 XX 得 /   說什麼也...
放著...不...，（as in 放著好好的歌你不唱，在那兒喊什麼？）

1. A- 你是職工抗議活動的代表，你要向學校領導表達不滿，並提出要求。

   B- 你是學校領導，你覺得這些職工的抗議很煩，你也不想改善他們的情況。

2. AB- 你們是夫妻。先生想讓太太今晚跟她去聽演唱會，太太想讓先生今晚跟她去參加朋友聚會。你們得一起做個決定。

3. A- 你是爺爺或奶奶，是個老一輩的傳統中國人，你反對年輕人聽搖滾樂。 B- 你是孫子或孫女，你最喜歡搖滾樂，最討厭革命歌曲。B 希望 A 給他錢買演唱會的票。

听力文本 (聽力文本) Dialogue Transcripts

对话一

A. 咳！丹尼，上哪儿？

B. 上体育馆去，好久没锻炼身体了，想到体育馆里跑跑步。

A. 体育馆前有一群人在抗议呢！今天可能不开。

B. 抗议？谁在抗议，抗议什么？

A. 好像是学校的秘书，还有其他一些在食堂工作的职员。

B. 早就听说他们要组织抗议活动，我以为是谣言，没想到是真的。

A. 对，是真的，不是谣言。这些职员抱怨他们的工资不高，福利不好，也要求学校给他们提供更好的退休计划。

B. 今天的气温只有二十几度，一会儿也许还会下雪。这群人真不怕冷，这样的天气还跑出来抗议。

A. 他们有精神的很呢！你远远地就可以听到他们的呐喊。

B. 呐喊？他们呐喊什么？

A. 他们喊："提高工资！现在就提高!" "我替你工作，你给我福利！" 他们的声音大得很，吵得附近的学生都不能上课。

B. 那学校领导没有跟他们谈谈吗？得早一点解决这个问题，要不然我们食堂也要关门了。

A. 听说他们正在谈。不过带领抗议的负责人拒绝签协议，他们要争取更高的工资。学校没办法满足他们的工资要求。

B. 完了，看来这几天体育馆都不开，锻炼不成了。

A. 我看啊，明天食堂也要关门。要是他们每次抗议都起作用，以后哪个团体都会动不动就抗议，来要求更好的福利。

B. 可不是嘛，咱们食堂的饭一成不变，哪天我们学生也来抗议一下！

对话二

A. 对不起，老婆，我回来晚了，今天路上交通很不好，堵车堵很厉害。

B. 没事啊，反正晚饭还没有准备好。

A. 准备晚饭？我们不是要去阿强家参加聚会吗？

B. 哦，他下午打电话说聚会取消了，没有聚会了。

A. 聚会取消了？为什么呀？真气人。

B. 取消就取消了，有什么好气的。正好我们吃完晚饭可以去看王菲的演唱会。

A. 王菲的演唱会？你开玩笑吧？你怎么会有王菲演唱会的票？

B. 我知道王菲是你最喜欢的歌手。她的歌几乎都会唱。所以买了她的演唱会的票，让你高兴高兴。

A. 真的，谢谢老婆，那，你说老实话，又想让我给你买什么了？

B. 你想哪儿去了？我可没有别的目的。

A. 嗯，我不是不相信你，可是我不能不怀疑。难道你知道阿强会取消聚会？我们今天有聚会，你怎么还买演唱会的票？

B. 算了，不瞒你了，其实演唱会的票是阿强给咱们买的。

A. 原来是这样，我说呢。这阿强果然够朋友，太好了，太好了。

B. 看把你高兴的，快来帮我做饭。

A. 来了，来了。

对话三

A. 阿华，你喜欢披头四的音乐吗？我真喜欢他们的音乐，他们真是音乐天才。

B. 披头四？那是我爸最喜欢的乐队。我爸收集了披头四的每一张专辑。

A. 哦！你爸是披头四的歌迷啊！他不是从中国来的吗？我听说二三十年前，中国人听的都是歌颂社会主义，毛主席那一类的歌，你爸怎么能听到披头四的歌呢？

B. 丹尼，你说的是中国大陆的情况。我爸七岁就到台湾了。他年轻的时候，台湾有一些美国的军人，他们把美国的流行音乐带进台湾，当时美国的流行歌在台湾非常流行。

A. 真的吗？所以，二三十年前，台湾人就开始听美国的摇滚乐了！

B. 没错。当时美国的摇滚乐给台湾的年轻人带来不小的震撼，他们都迷上了摇滚乐。但老一辈的人还是比较保守，他们似乎觉得摇滚乐是什么邪恶的东西，会让年轻人堕落，不努力读书，不努力工作

A. 那当时的年轻人，听摇滚乐不能让老人发现，得偷偷听喽。

B. 对呀，要是老人发现你在听摇滚乐，他们会觉得你很堕落，追求一些不健康的东西。

A. 那是为什么呀？

B. 可能是因为摇滚音乐的风格，你知道，唱摇滚乐好像是在呐喊，而且表达的大多是自己的不满和无奈。

A. 对，年轻人都比较叛逆，总是有各种各样的不满，所以比较喜欢摇滚音乐这个风格。

B. 可是，在老年人看来，放着好好的歌你不唱，在那儿喊什么？

A. 哈哈，有时候年轻人心里的感受，老人说什么也不会理解的。

B. 是啊，不过，我觉得我爸很了解我，可能是因为我们都是披头四的歌迷，我们常常像朋友一样无话不谈。

A. 你有一个了解你的爸爸，真令人羡慕。

(繁體)
對話一

A. 咳！丹尼，上哪兒？

B. 上體育館去，好久沒鍛煉身體了，想到體育館裏跑跑步。

A. 體育館前有一群人在抗議呢！今天可能不開。

B. 抗議？誰在抗議，抗議什麼？

A. 好像是學校的秘書，還有其他一些在食堂工作的職員。

B. 早就聽說他們要組織抗議活動，我以爲是謠言，沒想到是真的。

A. 對，是真的，不是謠言。這些職員抱怨他們的工資不高，福利不好，也要求學校給他們提供更好的退休計劃。

B. 今天的氣溫只有二十幾度，一會兒也許還會下雪。這群人真不怕冷，這樣的天氣還跑出來抗議。

A. 他們有精神的很呢！你遠遠地就可以聽到他們的呐喊。

B. 呐喊？他們呐喊什麼？

A. 他們喊："提高工資！現在就提高!""我替你工作，你給我福利！"他們的聲音大得很，吵得附近的學生都不能上課。

B. 那學校領導沒有跟他們談談嗎？得早一點解決這個問題，要不然我們食堂也要關門了。

A. 聽說他們正在談。不過帶領抗議的負責人拒絕簽協議，他們要爭取更高的工資。學校沒辦法滿足他們的工資要求。

B. 完了，看來這幾天體育館都不開，鍛煉不成了。

A. 我看啊，明天食堂也要關門。要是他們每次抗議都起作用，以後哪個團體都會動不動就抗議，來要求更好的福利。

B. 可不是嘛，咱們食堂的飯一成不變，哪天我們學生也來抗議一下！

對話二

A. 對不起，老婆，我回來晚了，今天路上交通很不好，堵車堵很厲害。

B. 沒事啊，反正晚飯還沒有準備好。

A. 準備晚飯？我們不是要去阿强家參加聚會嗎？

B. 哦，他下午打電話說聚會取消了，沒有聚會了。

A. 聚會取消了？爲什麼呀？真氣人。

B. 取消就取消了，有什麼好氣的。正好我們吃完晚飯可以去看王菲的演唱會。

A. 王菲的演唱會？你開玩笑吧？你怎麼會有王菲演唱會的票？

B. 我知道王菲是你最喜歡的歌手。她的歌你幾乎都會唱。所以買了她的演唱會的票，讓你高興高興。

A. 真的，謝謝老婆，那，你說老實話，又想讓我給你買什麼了？

B. 你想哪兒去了？我可沒有別的目的。

A. 嗯，我不是不相信你，可是我不能不懷疑。難道你知道阿強會取消聚會？我們今天有聚會，你怎麼還買演唱會的票？

B. 算了，不瞞你了，其實演唱會的票是阿強給咱們買的。

A. 原來是這樣，我說呢。這阿強果然夠朋友，太好了，太好了。

B. 看把你高興的，快來幫我做飯。

A. 來了，來了。

對話三

A. 阿華，你喜歡披頭四的音樂嗎？我真喜歡他們的音樂，他們真是音樂天才。

B. 披頭四？那是我爸最喜歡的樂隊。我爸收集了披頭四的每一張專輯。

A. 哦！你爸是披頭四的歌迷啊！他不是從中國來的嗎？我聽說二三十年前，中國人聽的都是歌頌社會主義，毛主席那一類的歌，你爸怎麼能聽到披頭四的歌呢？

B. 丹尼，你說的是中國大陸的情況。我爸七歲就到臺灣了。他年輕的時候，臺灣有一些美國的軍人，他們把美國的流行音樂帶進臺灣，當時美國的流行歌在臺灣非常流行。

A. 真的嗎？所以，二三十年前，臺灣人就開始聽美國的搖滾樂了！

B. 沒錯。當時美國的搖滾樂給臺灣的年輕人帶來不小的震撼，他們都迷上了搖滾樂。但老一輩的人還是比較保守，他們似乎覺得搖滾樂是什麼邪惡的東西，會讓年輕人墮落，不努力讀書，不努力工作

A. 那當時的年輕人，聽搖滾樂不能讓老人發現，得偷偷聽嘍。

B. 對呀，要是老人發現你在聽搖滾樂，他們會覺得你很墮落，追求一些不健康的東西。

A. 那是爲什麼呀？

B. 可能是因爲搖滾音樂的風格，你知道，唱搖滾樂好像是在吶喊，而且表達的大多是自己的不滿和無奈。

A. 對，年輕人都比較叛逆，總是有各種各樣的不滿，所以比較喜歡搖滾音樂這個風格。

B. 可是，在老年人看來，放著好好的歌你不唱，在那兒喊什麼？

A. 哈哈，有時候年輕人心裏的感受，老人說什麼也不會理解的。

B. 是啊，不過，我覺得我爸很瞭解我，可能是因爲我們都是披頭四的歌迷，我們常常像朋友一樣無話不談。

A. 你有一個瞭解你的爸爸，真令人羨慕。

看小剧学动作动词 (看小劇學動作動詞)
Skit and Action Verbs

<h2 style="text-align:center">教你弹吉他/教你彈吉他</h2>

Watch the video (available at www.mychinesclass.com/video) to learn the action verbs and then retell the story in your own words.

Notes：
- 吉他 | 吉他 | jítā | guitar
- 弦 | 弦 | xián | string
- 准 | 准 | zhǔn | precise
- 和弦 | 和弦 | héxián | chord
- 内 | 內 | nèi | within, inside
- 格 | 格 | gé | grid, (frets of guitar)
- 变成 | 變成 | biànchéng | to become
- 接下来 | 接下來 | jiē xiàlái | next
- 不要管 | 不要管 | bùyào guǎn | to not mind, to ignore
- 根音 | 根音 | gēn yīn | root sound (bass sound of the chord)
- 大拇指 | 大拇指 | dà mǔzhǐ | thumb
- 中指 | 中指 | zhōngzhǐ | middle finger
- 无名指 | 無名指 | wúmíngzhǐ | ring finger
- 钢琴 | 鋼琴 | gāngqín | piano
- 乐器 | 樂器 | yuèqì | musical instrument
- 萨克斯风 | 薩克斯風 | sàkèsī fēng | saxophone
- 笛子 | 笛子 | dízi | flute, recorder
- 直排笛 | 直排笛 | zhí pái dí | recorder
- 打鼓 | 打鼓 | dǎgǔ | to play drum
- 小提琴 | 小提琴 | xiǎotíqín | violin
- 大提琴 | 大提琴 | dàtíqín | cello

动作动词用法/動作動詞用法
- **弹** | 彈 | tán | 弹钢琴/弹吉他/ | 彈鋼琴/彈吉他/
- **调** | 調 | tiáo | 这条弦的音不准，得调一下。/这屋里太冷，你把暖气调高一点儿。/工作三个月以后，老版就调高了他的薪水。| 這條弦的音不准，得調一下。/這屋裏太冷，你把暖氣調高一點兒。/工作三個月以後，老版就調高了他的薪水。
- **按** | 按 | àn | 按手印。/我是要往上，不是要往下，刚才按错电梯的按钮了。/我按了半天的门铃，你怎么不开门呢？/那条弦你没按紧，所以弹出来的声音不好听。| 按手印。/我是要往上，不是要往下，剛才按錯電梯的按鈕了。/我按了半天的門鈴，你怎麼不開門呢？/那條弦你沒按緊，所以彈出來的聲音不好聽。
- **升/降** | 升/降 | shēng/jiàng | 升高/降低/升一个音/降一个音 | 升高/降低/升一個音/降一個音

140

- 数 | 數 | shǔ | 从一数到十/数一下来了多少人/数一数你赚了多少钱 | 從一數到十/數一下來了多少人/數一數你賺了多少錢
- 拨 | 撥 | bō | 拨琴弦/他前面的头发太长了，不往上拨眼睛都看不见了。| 撥琴弦/他前面的頭髮太長了，不往上撥眼睛都看不見了。/
- 刷 | 刷 | shuā | 刷卡/刷牙/刷油漆/刷和弦 | 刷卡/刷牙/刷油漆/刷和弦
- 吹 | 吹 | chuī | 吹泡泡/吹气球/吹笛子/吹口琴 | 吹泡泡/吹氣球/吹笛子/吹口琴
- 拉 | 拉 | lā | 拉小提琴/拉大提琴 | 拉小提琴/拉大提琴

Notes for the sample sentences：
- 暖气 | 暖氣 | nuǎnqì | heating
- 老板 | 老闆 | lǎobǎn | boss
- 薪水 | 薪水 | xīnshuǐ | salary
- 电梯 | 電梯 | diàntī | elevator
- 按钮 | 按鈕 | ànniǔ | button
- 门铃 | 門鈴 | ménlíng | doorbell
- 紧 | 緊 | jǐn | tight
- 牙 | 牙 | yá | tooth
- 油漆 | 油漆 | yóuqī | paint
- 泡泡 | 泡泡 | pào pào | bubble
- 气球 | 氣球 | qìqiú | balloon
- 口琴 | 口琴 | kǒuqín | harmonica

课后练习(課後練習) Go to Workbook for exercises: III. 动作动词填空 (動作動詞填空)

第十四课　　艺术的影响力/ 藝術的影響力

听录音回答问题 (聽錄音回答問題) Listening Comprehension

对话一 (對話一) Dialogue 1:

Dialogue 1:.Listen to this conversation between a local woman and a new resident after an earthquake. Try to learn new words from context clues. The vocabulary you learn in this dialogue will help you comprehend the reading text in the later section.

地震 | 遇难 | 破坏 | 贪污 | 敏感

地震 | 遇難 | 破壞 | 貪污 | 敏感

dìzhèn | yùnàn | pòhuài | tānwū | mǐngǎn

生词复习

- 整 | 整 | zhěng | whole | *
- 摇 | 搖 | yáo | to shake | L7 （摇头）
- 躲 | 躲 | duǒ | to hide | L7
- 保护 | 保護 | bǎohù | to protect, protection | L5
- 可怕 | 可怕 | kěpà | terrible, scaring | *
- 遇到 | 遇到 | yù dào | to encounter | *
- 倒 | 倒 | dǎo | to collapse; inverted | *
- 要紧 | 要緊 | yàojǐn | important | *
- 将近 | 將近 | jiāngjìn | nearly | *
- 受伤 | 受傷 | shòushāng | injured | L2, L8（伤脑筋、伤心）
- 附近 | 附近 | fùjìn | nearby | *
- 自然 | 自然 | zìrán | natural | L5, L6
- 环境 | 環境 | huánjìng | surroundings; environment | L4, L5, L6

- 建筑 | 建築 | jiànzhú | building, architecture | L4, L10
- 造成 | 造成 | zàochéng | to cause | L9
- 控制 | 控制 | kòngzhì | to control; control (n.) | L2
- 发生 | 發生 | fāshēng | to occur; to happen | L1（复习）
- 努力 | 努力 | nǔlì | to work hard | L1, L4, L9（复习）
- 避免 | 避免 | bìmiǎn | to avoid | L4, L5
- 建 | 建 | jiàn | to build | *
- 差 | 差 | chà | inferior; low in quality | L2
- 盖 | 蓋 | gài | to build | *
- 当地 | 當地 | dāngdì | local | L5
- 官员 | 官員 | guānyuán | officials | L2, L4
- 口袋 | 口袋 | kǒudài | pocket | *
- 压 | 壓 | yā | to press | L2（压迫、压力）
- 敢 | 敢 | gǎn | dare to | L7
- 事实 | 事實 | shìshí | fact | L9
- 教训 | 教訓 | jiàoxùn | lesson | L7
- 公共 | 公共 | gōnggòng | public | *

根据对话一回答问题

- 什么是 地震带？女人为什么一点儿都不害怕？男人又为什么紧张？
- 2008 年的四川大地震对中国造成哪些伤害和破坏？
- 为什么四川大地震时死亡的人，大部分是学生？
- 为什么男人认为教室楼倒了这个问题很敏感？

你的看法

- 美国的加州有地震，夏威夷（Xiàwēiyí）有火山。但是很多人还是选择住在那儿，或到那儿去旅游。你呢？你会不会选择住在地震带上？为什么？
- 在你的国家，哪些话题可能是敏感话题？大家会避免谈这些敏感的话题吗？还是越敏感喜欢谈的人越多？为什么？

(繁體)
根據對話一回答問題
- 什麼是 地震帶？女人爲什麼一點兒都不害怕？男人又爲什麼緊張？
- 2008 年的四川大地震對中國造成哪些傷害和破壞？
- 爲什麼四川大地震時死亡的人，大部分是學生？
- 爲什麼男人認爲教室樓倒了這個問題很敏感？

你的看法

- 美國的加州有地震，夏威夷（Xiàwēiyí）有火山。但是很多人還是選擇住在那兒，或到那兒去旅游。你呢？你會不會選擇住在地震帶上？爲什麼？
- 在你的國家，哪些話題可能是敏感話題？大家會避免談這些敏感的話題嗎？還是越敏感喜歡談的人越多？爲什麼？

对话二 (對話二) Dialogue 2:

Dialogue 2: Listen to this conversation between two friends about Ai Qing and Ai Weiwei. Try to learn new words from context clues. The vocabulary you learn in this dialogue will help you comprehend the reading text in the later section.

诗人 | 艺术家 | 艺术 | 作品 | 异议人士 | 批评 | 回应
詩人 | 藝術家 | 藝術 | 作品 | 异議人士 | 批評 | 回應
shīrén | yìshùjiā | yìshù | zuòpǐn | yìyì rénshì | pīpíng | huíyīng

---

生词复习

- 引起 | 引起 | yǐnqǐ | to cause | L5
- 争议 | 爭議 | zhēngyì | dispute; controversy | L5
- 其实 | 其實 | qíshí | in fact | L1
- 了解 | 了解 | liǎojiě | to understand; understanding | L5
- 注意 | 注意 | zhùyì | to note; to pay attention |
- 天安门 | 天安門 | tiān'ānmén | Tiananmen square |
- 白宫 | 白宮 | báigōng | White House |
- 建筑 | 建築 | jiànzhú | building; architecture | L10
- 举 | 舉 | jǔ | to raise | L1 (举手)
- 中指 | 中指 | zhōngzhǐ | middle finger |
- 拍 | 拍 | pāi | to shoot (pictures, videos) |
- 比 | 比 | bǐ | to use fingers to sign |
- 政治 | 政治 | zhèngzhì | political; politics | L5（复习）
- 名气 | 名氣 | míngqì | fame | L4
- 受到 | 受到 | shòudào | to receive | L1 (语法)
- 关注 | 關注 | guānzhù | attention | L1
- 曾经 | 曾經 | céngjīng | once, ever | L2

- 留学 | 留學 | liúxué | to study abroad | L9
- 一直 | 一直 | yīzhí | always | L8
- 尊敬 | 尊敬 | zūnjìng | to respect; respects | L1
- 共产党 | 共產黨 | gòng chǎn dǎng | communist party | L1
- 传统 | 傳統 | chuántǒng | tradition, traditional | L2
- 古 | 古 | gǔ | ancient | L10（古代）
- 口语 | 口語 | kǒuyǔ | spoken language |
- 现代 | 現代 | xiàndài | modern | L8
- 压迫 | 壓迫 | yāpò | to oppress; oppression | L2
- 遭遇 | 遭遇 | zāoyù | to encounter | L8
- 不幸 | 不幸 | bùxìng | misfortune; unfortunately | L1, L4
- 难道 | 難道 | nándào | Could it be said? | L3, L4
- 麻烦 | 麻煩 | máfan | trouble | L11（复习）
- 有道理 | 有道理 | yǒu dàolǐ | make sense | L6（复习）
- 表达 | 表達 | biǎodá | to express expression | L10
- 不满 | 不滿 | bùmǎn | dissatisfied; discontent | L11
- 公开 | 公開 | gōngkāi | public; publicly | L13
- 反对 | 反對 | fǎnduì | to oppose | L2
- 年代 | 年代 | niándài | era | L1, L2 时代
- 打倒 | 打倒 | dǎdǎo | to knock down | L5
- 态度 | 態度 | tàidù | attitude | L4, L5
- 如何 | 如何 | rúhé | how | L13
- 根本 | 根本 | gēnběn | fundamentally, (not) at all | L4, L9
- 小心 | 小心 | xiǎoxīn | careful | L8

根据对话二回答问题

- 艾青和艾未未是什么关系？这两个人为什么有名？
- 对共产党来说，艾青和艾未未都是"异议人士"吗？
- 对于共产党的批评，艾青是什么态度？
- 为什么女说话人说，中国政府在回应艾未未问题的时候得很小心？

你的看法

- 你觉得艾未未为什么要在天安门和白宫前比中指拍照？他想表达什么？你觉得这算是艺术吗？你觉得政府应该不应该管这样的事？

(繁體)
根據對話二回答問題
- 艾青和艾未未是什麼關係？這兩個人爲什麼有名？
- 對共產黨來說，艾青和艾未未都是"異議人士"嗎？

- 對於共產黨的批評，艾青是什麼態度？
- 爲什麼女說話人說，中國政府在回應艾未未問題的時候得很小心？

你的看法

- 你覺得艾未未爲什麼要在天安門和白宮前比中指拍照？他想表達什麼？你覺得這算是藝術嗎？你覺得政府應該不應該管這樣的事？

对话三 (對話三) Dialogue 3:

Dialogue 3: Listen to this conversation between a man and his friend when he shows the pictures he took of water birds. Try to learn new words from context clues. The vocabulary you learn in this dialogue will help you comprehend the reading text in the later section.

国际 | 摄影 | 美术馆 | 举办 | 展览 | 展出
國際 | 攝影 | 美術館 | 舉辦 | 展覽 | 展出
guójì | shèyǐng | měishù guǎn | jǔbàn | zhǎnlǎn | zhǎnchū
陶瓷 | 具有 | 价值 | 形式 | 参观 |
陶瓷 | 具有 | 價值 | 形式 | 參觀 |
táocí | jùyǒu | jiàzhí | xíngshì | cānguān |

生词复习

- 幅 | 幅 | fú | measure word for pictures |
- 抓 | 抓 | zhuā | to grab; to catch | L7 (听力)
- 排 | 排 | pái | row |
- 比赛 | 比賽 | bǐsài | game; competition |
- 值得 | 值得 | zhídé | worth it; worthy | L1
- 发表 | 發表 | fābiǎo | to publish; to present to the public | L10
- 考虑 | 考慮 | kǎolǜ | to consider | L9
- 愿意 | 願意 | yuànyì | willing | L2
- 世纪 | 世紀 | shìjì | century | L2
- 花瓶 | 花瓶 | huāpíng | vase |
- 盘子 | 盤子 | pánzi | plate |
- 碗 | 碗 | wǎn | bowl |
- 甚至 | 甚至 | shènzhì | even | L1
- 枕头 | 枕頭 | zhěntou | pillow |

- 大概 | 大概 | dàgài | probably | L1
- 特色 | 特色 | tèsè | features | L10

根据对话三回答问题

- 男说话人让女说话人看什么？他想参加什么比赛？为什么？
- 如果男说话人得了奖，女说话人希望他做什么？
- 为什么男说话人说："那我大概不行吧"? 女说话人有什么不同的看法？

你的看法

- 说一说你参观过的美术展览。说一说你喜欢哪些形式的作品？为什么？

(繁體)
根據對話三回答問題
- 男說話人讓女說話人看什麼？他想參加什麼比賽？爲什麼？
- 如果男說話人得了獎，女說話人希望他做什麼？
- 爲什麼男說話人説："那我大概不行吧"? 女說話人有什麼不同的看法？
你的看法
- 說一說你參觀過的美術展覽。說一說你喜歡哪些形式的作品？爲什麼？

听力生词 (聽力生詞) Dialogue Vocabulary

1. 破坏 | 破壞 | pòhuài | to damage, to ruin, damage (n.) | 自然环境受到了破坏/对自然环境造成破坏/你破坏了我的好心情/摔碎汉代的陶罐是破坏历史文物的行为。/那样的行为破坏了我对他的印象。 | 自然環境受到了破壞/對自然環境造成破壞/你破壞了我的好心情/摔碎漢代的陶罐是破壞歷史文物的行爲。/那樣的行爲破壞了我對他的印象。
(自然 zìrán L5: natural; 环境/環境 L4, L5 huánjìng: envrironment; 造成 L9 zàochéng: to cause; 心情 xīnqíng: mood; 行为/行為 behavior, L5 印象 yìnxiàng: impression)

2. 地震 | 地震 | dìzhèn | earthquake | 一场大地震 | 一場大地震

3. 遇难 | 遇難 | yùnàn | to be killed in disasters | 一名遇难者/他是在坐飞机的时候遇难的。/那场地震的遇难人数已超过五十人。 | 一名遇難者/他是在坐飛機的時候遇難的。/那場地震的遇難人數已超過五十人。
（人数/人數 L4 rénshù: number of people; 超过/超過 chāoguò: to exceed）

4. 贪污 | 貪污 | tānwū | to take bribery, corruption | 政府间接回应了贪污事件。/政府对贪污事件提出批评。 | 政府間接回應了貪污事件。/政府對貪污事件提出批評。 (事件 shìjiàn: event)

5. 敏感 | 敏感 | mǐngǎn | sensitive | 她是个敏感的孩子，小事也能让她难过。/贪污是敏感的话题。 | 她是個敏感的孩子，小事也能讓她難過。/貪污是敏感的話題。

6. 批评 | 批評 | pīpíng | to criticize, criticism | 提出批评/他批评了我的错误。 | 提出批評/他批評了我的錯誤。 (错误/錯誤 cuòwù: mistake)

7. 异议 | 異議 | yìyì | dissent; antagonism | 异议人士/提出异议 | 異議人士/提出異議

8. 人士 | 人士 | rénshì | personage; public figure | 异议人士/上流人士/商业人士 | 異議人士/上流人士/商業人士 (上流 shàngliú: upper class;商业/商業, L4 shāngyè business industry)

9. 诗人 | 詩人 | shīrén | poet | 一位诗人/一首诗/ | 一位詩人/一首詩/ (首: shǒu)

10. 回应 | 回應 | huíyīng | to respond, response | 他回应了没有？/我一直在等他回应我/我对他的回应很不满意。 | 他回應了沒有？/我一直在等他回應我/我對他的回應很不滿意 (满意 mǎnyì: satisfied)

11. 艺术 | 藝術 | yìshù | art | 现代艺术/表演艺术/行为艺术/一位艺术家/一件艺术品 | 現代藝術/表演藝術/行爲藝術/一位藝術家/一件藝術品 (表演 biǎoyǎn: performance)

12. 国际 | 國際 | guójì | international | 国际新闻/国际学生/他的艺术作品在国际上得了奖。/他是一位国际知名的艺术家。 | 國際新聞/國際學生/他的藝術作品在國際上得了獎。/他是一位國際知名的藝術家。 (新闻/新聞 xīnwén: news; 得獎 déjiǎng: to receive prize)

13. 美术馆 | 美術館 | měishù guǎn | gallery; art museum | 一座美术馆 | 一座美術館

14. 作品 | 作品 | zuòpǐn | works | 一件作品/艺术作品/音乐作品/电影作品/ | 一件作品/藝術作品/音樂作品/電影作品/

15. 展出 | 展出 | zhǎn chū | to display | 美术馆下个月将展出他的作品。/这次展出的新书都是他喜欢的。 | 美術館下個月將展出他的作品。/這次展出的新書都是他喜歡的。 (将/將 jiāng: will)

16. 价值 | 價值 | jiàzhí | value | 极具价值/价值很高/价值很低/生命的价值/价值观/有价值的一堂课/这篇文章极度具有讨论的价值。 | 極具價值/價值很高/價值很低/生命的價值/價值觀/有價值的一堂課/這篇文章極度具有討論的價值。 (价值观/價值觀 jiàzhíguān: judgement of values, concepts of values)

17. 陶瓷 | 陶瓷 | táocí | ceramics, porcelain | 陶瓷工艺/陶瓷工匠/这些花瓶、茶杯、碗都是陶瓷做的。 | 陶瓷工藝/陶瓷工匠/這些花瓶、茶杯、碗都是陶瓷做的。 (工艺/工藝 gōngyì: craft art;工匠, L11,gōngjiàng: craft man)

18. 参观 | 參觀 | cānguān | to visit | 参观美术馆/参观学校/参观博物馆 | 參觀美術館/參觀學校/參觀博物館 (博物馆 bówùguǎn: museum)

19. 形式 | 形式 | xíngshì | form (n.) | 文学的形式/艺术作品的形式/表演的形式 | 文學的形式/藝術作品的形式/表演的形式 (文学/文學 wénxué: literature)

20. 摄影 | 攝影 | shèyǐng | photography | 摄影艺术/摄影作品/他是一名专业的摄影师。 | 攝影藝術/攝影作品/他是一名專業的攝影師。

21. 举办 | 舉辦 | jǔbàn | to hold, to conduct, to run (an activity) | 举办展览/举办活动/举办选举/举办晚会 | 舉辦展覽/舉辦活動/舉辦選舉/舉辦晚會

22. 展览 | 展覽 | zhǎnlǎn | exhibition | 一场展览/美术展览/科学展览/科技展览/历史展览/展览厅/展览会 | 一場展覽/美術展覽/科學展覽/科技展覽/歷史展覽/展覽廳/展覽會 (科学/科學 kēxué: science; 科技, L6, kējì: science and technology)

口语用法 (口語用法) Oral Expressions

(复习)

- **哎呀**！这问题太敏感了！("哎呀" can be translated as "oh" or "oh my goodness." It is an interjection used to show surprise. Sometimes the surprise is followed by an expression of worry or frustration). 见第二单元

- 那些人**之所以**批评也只是为了保护自己 **Subject+之所以… (就) 是因为… (By using "之所以", we place the result in the first clause and state the reason in the second clause following "是因为". "就" can be used with "是因为" for emphasis, meaning "the exact reason is…").** 见第三单元

- 但我不知道这是**怎么一回事**。
  怎么回事？ (What's wrong? What is the matter? What happened?) 见第九单元 语法

- **难道**艾青后来和他儿子艾未未一样，在共产党眼里也成了一个爱找政府麻烦的异议人士？("难道" can be placed in front of or after a subject to create a rhetorical phrase meaning the contrary of what is said). 见第三单元

- 艾未未现在**根本**就不怕中国政府。(The original meaning of 根本 is "to the root". It is used as an adverb when strong personal emotions or judgements are involved, meaning "completely", "totally" or "absolutely"; when used with 没 or 不，it can be translated as "not…at all".)

(繁體) 哎呀！這問題太敏感了！ | 那些人**之所以**批評也只是爲了保護自己 | 但我不知道這是**怎麼一回事**。 | **難道**艾青後來和他兒子艾未未一樣，在共產黨眼裏也成了一個愛找政府麻煩的異議人士？ | 艾未未現在**根本**就不怕中國政府。

1. 我还是**头一次**遇到这么大的地震 (头, head, comes first at birth. 头一次 means "the first time". This use of "头" is similar to that in "头一天"，"头两个人"，"头三个月", etc.
   In 头奖 (first prize)，头等舱(first-class cabin), 头号人物(number-one person)，头条新闻 (frontline news) etc., "头" also carries a similar meaning.

   这么怪的事，我还是头一回听说。
   This is the first time I've heard of things this strange.

   她刚到美国的头两个月，就已经参观了纽约所有的美术馆。

She visited all of the art galleries in New York City in the first two months after her arrival.

(繁體) 我還是**頭一次**遇到這麼大的地震 | "頭一天"，"頭兩個人"，"頭三個月"，頭獎，頭等艙，頭號人物，頭條新聞 | 這麼怪的事，我還是**頭一回**聽說。 | 她剛到美國的**頭兩個月**，就已經參觀了紐約所有的美術館。

2. 谢谢你那么**看得起**我 (If you 看得起 someone, you think highly of that person, usually a person whose status is lower than yours. If you 看不起 someone, you look down on that person. In Unit 4, we learned 看得上 & 看不上。The object for 看上 can be a person or object. The context for using 看得上 or 看不上 is when selections or options are presented, and a person can think much or little of them and/or have much or little interest in them. The object for 看得起 and 看不起 can be a person or their conduct.

老板让你做这个重要的工作是因为看得起你。
The boss gave you this important job because he thinks highly of you.

在人之上，要看得起别人；在人之下，要看得起自己。
If you are above other people, you need to respect others. If you are below other people, you need to believe in yourself.

我实在看不起那些有了钱就骄傲自大的人！
I really look down on those who become arrogant after becoming wealthy.

(繁體) 謝謝你那麼**看得起**我 | 老闆讓你做這個重要的工作是因爲看得起你。 | 在人之上，要看得起別人；在人之下，要看得起自己。 | 我實在看不起那些有了錢就驕傲自大的人！

（复习） 骄傲/驕傲 jiāo ào, L1 | 自大 zìdà, L10

3. **话说回来**（话说回来 is used when a discussion or a statement is not finished, yet thoughts or concerns from different angles or opposite positions emerge. ）

他是笨了一点，不过话说回来，笨也有笨的可爱。
He a little dumb indeed; however, being dumb can be cute sometimes, too.

这老师给的作业也太多了吧！但话说回来，课上的时间太少，学生课后真得好好做作业才学得好。
Don't you think this teacher gives too much homework? That said, class time is too short. Students really need to spend time on the homework to learn it well.

154

(繁體) 他是笨了一點，不過**話說回來**，笨也有笨的可愛。 | 這老師給的作業也太多了吧！但**話說回來**，課裏的時間太少，學生課後真得好好做作業才學得好。

4. **八字沒一撇**. (撇 piě is one of the basic forms of the strokes of Chinese character compositions. Chinese characters are written in the top-down and left-right order. To write the character "八", it's necessary to write 撇（丿），the first stroke. Without it, it would be too early to say it's a "八" . "八字沒一撇" means it's too early or something is still missing in the course of the development of something.

A: 你什么时候抱孙子啊？
B: 八字还没一撇呢！先帮我儿子介绍个女朋友吧！
When will you have a grandson?
It's too early to talk about that. Why don't you introduce a girlfriend to my son first.

A: 你还是想在今年举办个摄影展览吗？
B: 想是想，但在八字没一撇。还有好多事得和美术馆再谈，钱方面也是个问题。。
Are you still thinking of holding a photography exhibition this year?
I do want to do it; however, it's still too early to say. There are so many things I need to discuss with the art museum. Money can be an issue, too.

(繁體) A: 你什麼時候抱孫子啊？B: **八字還沒一撇呢**！先幫我兒子介紹個女朋友吧！ | A: 你還是想在今年舉辦個攝影展覽嗎？B: 想是想，但在**八字沒一撇**。還有好多事得和美術館再談，錢方面也是個問題。

5. 我觉得现在艾未未根本不怕中国政府，中国政府**反而**有点怕艾未未。 （反而 is an adverbial element used in the second clause when the speakers feel something is opposite to the expectation.）

难的问题你都做对了，简单的问题你怎么反而不会呢？
You got the difficult questions right—how come you can't answer the simple ones?

他有名了以后，展出的作品反而没有那么高的艺术价值。
After he became famous, the artistic value of the works he presented were not as high as expected.

(繁體) 我覺得現在艾未未根本不怕中國政府，中國政府**反而**有點怕艾未未。 | 難的問題你都做對了，簡單的問題你怎麼**反而**不會呢？ | 他有名了以後，展出的作品**反而**沒有那麼高的藝術價值。

口语练习 (口語練習) **Oral Practice**

Use the oral expressions you learned for the role-play discussion

头一次/ 反而/ 八字没一撇/ 话说回来/ 看得起/看不起

1. A 和 B：你们讨论二零零八年的四川地震
  A- 你认为人们在地震中遇难，不是政府官员的错 B- 你认为人们在地震中遇难，是政府官员的错。

2. A – 你喜欢写诗，你希望成为一个有名的诗人。B- 你觉得现代人根本不喜欢读诗。写诗很难对社会有贡献。A 和 B - 你们讨论 A 应该不应该继续写诗。

3. A 和 B--你们在美术馆工作。A 喜欢和历史文化有关的展览，并且对陶瓷作品有兴趣 B 喜欢现代的展览，并且对摄影作品有兴趣。A 和 B- 你们得一起决定下一次展览的主题。

(繁體)
頭一次/ 反而/ 八字沒一撇/ 話說回來/ 看得起/看不起

1. A 和 B：你們討論二零零八年的四川地震
  A- 你認爲人們在地震中遇難，不是政府官員的錯 B- 你認爲人們在地震中遇難，是政府官員的錯。
2. A – 你喜歡寫詩，你希望成爲一個有名的詩人。B- 你覺得現代人根本不喜歡讀詩。寫詩很難對社會有貢獻。A 和 B - 你們討論 A 應該不應該繼續寫詩。
3. A 和 B--你們在美術館工作。A 喜歡和歷史文化有關的展覽，並且對陶瓷作品有興趣 B 喜歡現代的展覽，並且對攝影作品有興趣。A 和 B- 你們得一起決定下一次展覽的主題。

听力文本 (聽力文本) Dialogue Transcripts

对话一

A. 地震！地震！整个房子都在摇！

B. 快跑到屋外去或找个地方躲起来，保护好自己！

A. 真是太可怕了！我还是头一次遇到这么大的地震。大家都没事吧！

B. 没事没事。只是倒了几张桌椅，不要紧的。你刚搬来，还不知道，我们这个地方在地震带上。小地震常有，大一点的地震三五年也会来一次。

A. 我知道！刚才的地震和二零零八年发生在四川的的那次地震比，只算是个小地震。二零零八年的大地震，听说遇难的有将近七万人哪！

B. 是啊！死了六万多人，将近七万。受伤的还有二三十万。另外，那次的大地震也对附近的许多自然环境和历史建筑造成了不小的破坏。

A. 地震这种事真的不是人们可以控制的。

B. 人们虽然不能控制地震的发生，但可以努力避免地震带来的死伤。很多人说，在二零零八年发生在四川的那次地震中，很多学生遇难就是因为学校教室建得太差了。因为当地官员贪污，把应该用来好好建教室楼的钱放进了自己的口袋里，所以那些教室楼在地震中很快就倒了，，压死了很多学生。

A. 哎呀，这问题太敏感了。很多人就算知道有官员贪污，也不敢把事实说出来。

B. 咱们也别多说了吧！只希望经过那次教训以后，各地的学校和公共建筑可以做到更好，更安全。

对话二

A. 你听说过艾青这个名字吗？

B. 听说过，他是中国有名的诗人。也是艾未未的父亲。

A. 艾未未，你说的是那个引起了很多争议的艺术家吗？

B. 是啊！你是怎么知道艾未未的？

A. 其实我不太了解他的艺术。但我知道他喜欢引起别人的注意，比方说在天安门和白宫等有名的建筑前举起自己的中指拍照，还办了一个比中指的摄影比赛，引起了不小的艺术争议和政治争议。不过我还真不知道艾青就是他的父亲。

B. 以前有很多中国人认为艾未未是因为他爸爸的名气才受到关注的。不过对外国人来说，有很多是听过艾未未，却不知道艾青是谁。没想到你知道艾未未，也知道艾青，却不知道艾青是艾未未的父亲。

A. 艾青曾经在法国留学。1932 年回到中国以后，他一直是个受人尊敬的共产党员。他写的诗不是"床前明月光，疑是地上霜"那种传统古诗，而是非常口语的现代诗。

B. 这我知道。我还知道后来他受到共产党的压迫，被送到东北，然后又到西北生活了十六年，遭遇了很多的不幸。但我不知道这是怎么一回事。难道艾青后来和他儿子艾未未一样，在共产党眼里也成了一个爱找政府麻烦的异议人士？

A. 说艾未未是个异议人士有道理。他不怕向政府表达他的不满，也不怕公开反对政府。但如果说当时的艾青是反对共产党的异议人士，那真是一点道理也没有。因为在毛泽东那个年代，就算你什么事都没有做错，还是会有人想批评你、打倒你。很多时候，那些人之所以批评也只是为了保护自己，并不是因为你说错了什么，做错了什么。

B. 那对于共产党的批评，艾青是什么态度？

A. 这我就不清楚了。我只知道，如果毛泽东批评你，大家就会都跟着一起批评你。不管你态度如何，不管你做出什么样的回应，都没有用。

B. 那艾未未做出那么多让政府不喜欢的事，他不怕吗？

A. 时代不同了！我觉得现在艾未未根本不怕中国政府，中国政府反而有点怕艾未未，在回应艾未未问题的时候，总是很小心！因为他们不希望其他国家太关心艾未未带来的争议。

对话三

A. 你看看我这幅 摄影 作品 怎么样？

B. 你又去拍水鸟啦！这张照片的时间抓得真好！一整排的水鸟儿离开水面往天上飞，拍得真是太美了！

A. 我打算就拿这张去参加今年的国际摄影比赛。去年获得国际摄影第一名的是一个马来西亚人，第二名是一个法国人，第三名是一个伊朗人。来自中国的摄影作品一个奖也没拿到。

B. 好啊！你的摄影作品，值得发表的最少也有三四百张。如果你在国际比赛里，为中国拿了奖，可以考虑到我们大学的美术馆来举办一个摄影作品展览！

A. 没问题！只要你们学校觉得我拍出来的作品水平还可以，办展览，我当然愿意！

B. 我可以帮你问。我知道上个月他们办的是陶瓷作品展览，展出了六十多件十一世纪和十二世纪的陶瓷作品。有花瓶、盘子、碗，甚至还有用陶瓷做的枕头。每件作品都具有非常高的艺术价值。

A. 哎呀！那我大概不行吧？我的照片哪能跟那些有历史文化价值的艺术品比啊？

B. 不不不，最重要的不是作品的形式，是作品的特色。我们学校的美术馆，欢迎各种不同的艺术形式。绘画、陶瓷、摄影，对来参观的人来说一样重要，也各有各的价值。

A. 谢谢你这么看得起我。不过话说回来，现在八字还没一撇呢！等我拿到国际摄影比赛的大奖再说吧！

(繁體)
對話一
A. 地震！地震！整個房子都在搖！

B. 快跑到屋外去或找個地方躲起來，保護好自己！

A. 真是太可怕了！我還是頭一次遇到這麼大的地震。大家都沒事吧！

B. 沒事沒事。只是倒了幾張桌椅，不要緊的。你剛搬來，還不知道，我們這個地方在地震帶上。小地震常有，大一點的地震三五年也會來一次。

A. 我知道！剛才的地震和二零零八年發生在四川的的那次地震比，只算是個小地震。二零零八年的大地震，聽說遇難的有將近七萬人哪！

B. 是啊！死了六萬多人，將近七萬。受傷的還有二三十萬。另外，那次的大地震也對附近的許多自然環境和歷史建築造成了不小的破壞。

A. 地震這種事真的不是人們可以控制的。

B. 人們雖然不能控制地震的發生，但可以努力避免地震帶來的死傷。很多人說，在二零零八年發生在四川的那次地震中，很多學生遇難就是因爲學校教室建得太差了。因爲當地官員貪污，把應該用來好好建教室樓的錢放進了自己的口袋裏，所以那些教室樓在地震中很快就倒了，，壓死了很多學生。

A. 哎呀，這問題太敏感了。很多人就算知道有官員貪污，也不敢把事實說出來。

B. 咱們也別多說了吧！只希望經過那次教訓以後，各地的學校和公共建築可以做到更好，更安全。

對話二
A. 你聽說過艾青這個名字嗎？

B. 聽說過，他是中國有名的詩人。也是艾未未的父親。

A. 艾未未，你說的是那個引起了很多爭議的藝術家嗎？

B. 是啊！你是怎麼知道艾未未的？

A. 其實我不太瞭解他的藝術。但我知道他喜歡引起別人的注意，比方說在天安門和白宮等有名的建築前舉起自己的中指拍照，還辦了一個比中指的攝影比賽，引起了不小的藝術爭議和政治爭議。不過我還真不知道艾青就是他的父親。

B. 以前有很多中國人認爲艾未未是因爲他爸爸的名氣才受到關注的。不過對外國人來說，有很多是聽過艾未未，卻不知道艾青是誰。沒想到你知道艾未未，也知道艾青，卻不知道艾青是艾未未的父親。

A. 艾青曾經在法國留學。1932年回到中國以後，他一直是個受人尊敬的共產黨員。他寫的詩不是"床前明月光，疑是地上霜"那種傳統古詩，而是非常口語的現代詩。

B. 這我知道。我還知道後來他受到共產黨的壓迫，被送到東北，然後又到西北生活了十六年，遭遇了很多的不幸。但我不知道這是怎麼一回事。難道艾青後來和他兒子艾未未一樣，在共產黨眼裏也成了一個愛找政府麻煩的異議人士？

A. 說艾未未是個異議人士有道理。他不怕向政府表達他的不滿，也不怕公開反對政府。但如果說當時的艾青是反對共產黨的異議人士，那真是一點道理也沒有。因爲在毛澤東那個年代，就算你什麼事都沒有做錯，還是會有人想批評你、打倒你。很多時候，那些人之所以批評也只是爲了保護自己，並不是因爲你說錯了什麼，做錯了什麼。

B. 那對于共産黨的批評，艾青是什麼態度？

A. 這我就不清楚了。我只知道，如果毛澤東批評你，大家就會都跟著一起批評你。不管你態度如何，不管你做出什麼樣的回應，都沒有用。

B. 那艾未未做出那麼多讓政府不喜歡的事，他不怕嗎？

A. 時代不同了！我覺得現在艾未未根本不怕中國政府，中國政府反而有點怕艾未未，在回應艾未未問題的時候，總是很小心！因爲他們不希望其他國家太關心艾未未帶來的爭議。

對話三

A. 你看看我這幅 攝影 作品 怎麼樣？

B. 你又去拍水鳥啦！這張照片的時間抓得真好！一整排的水鳥兒離開水面往天上飛，拍得真是太美了！

A. 我打算就拿這張去參加今年的國際攝影比賽。去年獲得國際攝影第一名的是一個馬來西亞人，第二名是一個法國人，第三名是一個伊朗人。來自中國的攝影作品一個獎也沒拿到。

B. 好啊！你的攝影作品，值得發表的最少也有三四百張。如果你在國際比賽裏，爲中國拿了獎，可以考慮到我們大學的美術館來舉辦一個攝影作品展覽！

A. 沒問題！只要你們學校覺得我拍出來的作品水平還可以，辦展覽，我當然願意！

B. 我可以幫你問。我知道上個月他們辦的是 陶瓷 作品 展覽，展出了六十多件十一世紀和十二世紀的陶瓷作品。有花瓶、盤子、碗，甚至還有用陶瓷做的枕頭。每件作品都具有非常高的藝術價值。

A. 哎呀！那我大概不行吧？我的照片哪能跟那些有歷史文化價值的藝術品比啊？

B. 不不不，最重要的不是作品的形式，是作品的特色。我們學校的美術館，歡迎各種不同的藝術形式。繪畫、陶瓷、攝影，對來參觀的人來說一樣重要，也各有各的價值。

A. 謝謝你這麼看得起我。不過話說回來，現在八字還沒一撇呢！等我拿到國際 攝影 比賽的大獎再說吧！

看小剧学动作动词 (看小劇學動作動詞)
Skit and Action Verbs

挂上这幅画/掛上這幅畫

Watch the video (available at www.mychinesclass.com/video) to learn the action verbs and then retell the story in your own words.

Notes
- 幅 | 幅 | fú | measure word for pictures
- 高度 | 高度 | gāodù | height
- 钉子 | 釘子 | dīngzi | nail

动作动词用法/動作動詞用法
- 挂 | 掛 | guà | 把衣服挂好。/你想把这幅画挂在哪儿？/他的脖子上挂了一条黄金项链。 | 把衣服掛好。/你想把這幅畫掛在哪兒？/他的脖子上掛了一條黃金項煉。

- 挡 | 擋 | dǎng | 那个人太高了，挡住了我，我看不见前面的表演。/她忘了带伞，拿着书包挡雨。/你别挡在中间，我过不去。/让开！让开！别挡我的路！ | 那個人太高了，擋住了我，我看不見前面的表演。/她忘了帶傘，拿著書包擋雨。/你別擋在中間，我過不去。/讓開！讓開！別擋我的路！
- 歪 | 歪 | wāi | 你头上的帽子歪了。/他歪着嘴，不知心里在想什么。/那幅画没挂好，歪了。 | 你頭上的帽子歪了。/他歪著嘴，不知心裏在想什麼。/那幅畫沒挂好，歪了。
- 露 | 露 | lòu | 他张嘴大笑，露出了黄黄的牙齿。/她的袜子破了，脚趾头都露出来了！ | 他張嘴大笑，露出了黃黃的牙齒。/她的襪子破了，腳趾頭都露出來了！

- 钉 | 釘 | dīng | 她在那上面钉了三个钉子。/他拿了订书机，把这几张纸钉在一起。/这个木头箱子没有钉好，里边的东西都掉出来了。 | 她在那上面釘了三個釘子。/他拿了訂書機，把這幾張紙釘在一起。/這個木頭箱子沒有釘好，裏邊的東西都掉出來了。
- 拔 | 拔 | bá | 拔牙/把钉子拔出来 | 拔牙/把釘子拔出來

Notes for the sample sentences
- 脖子 | 脖子 | bózi | neck
- 黄金 | 黄金 | huángjīn | gold
- 项链 | 項鍊 | xiàngliàn | necklace
- 表演 | 表演 | biǎoyǎn | performance
- 伞 | 傘 | sǎn | umbrella

- 让开 | 讓開 | ràng kāi | step aside
- 牙齿 | 牙齒 | yáchǐ | tooth
- 袜子 | 襪子 | wàzi | sock
- 脚趾头 | 脚趾頭 | jiǎozhǐ tóu | toe
- 订书机 | 訂書機 | dìng shū jī | stapler
- 木头 | 木頭 | mùtou | wood
- 箱子 | 箱子 | xiāngzi | box

课后练习(課後練習) Go to Workbook for exercises: III. 动作动词填空 (動作動詞填空)

162

听力生词英文索引/聽力生詞英文索引
Index of Listening Vocabulary in English

A

to abandon; to discard	抛弃	抛弃	pāoqì	L8	D2
to admit students (application); to recruit	录取	錄取	lùqǔ	L9	D1
to adopt (children)	领养	領養	lǐngyǎng	L8	D2
advanced	先进	先進	xiānjìn	L12	D3
air temperature	气温	氣溫	qìwēn	L13	D1
almost	几乎	幾乎	jīhū	L13	D2
alone; all by oneself; lonely	孤单	孤單	gūdān	L8	D3
an uncooked vegetable; lettuce	生菜	生菜	shēngcài	L12	D1
appetite	食欲	食欲	shíyù	L12	D1
art	艺术	藝術	yìshù	L14	D3

B

to beat the step-down-the-stage drum (to give up a pursuit without attaining one's goal)	打退堂鼓	打退堂鼓	dǎ tuìtánggǔ	L11	D3
beef steak	牛排	牛排	niúpái	L12	D1
"to burn the midnight oil"	开夜车	開夜車	kāiyèchē	L11	D2
buttocks; hip	屁股	屁股	pìgu	L11	D1

C

to be calm; calm	冷静	冷靜	lěngjìng	L8	D3
can't help doing sth; can't refrain from; =不禁	禁不住	禁不住	jīnbuzhù	L12	D3
to cancel	取消	取消	qǔxiāo	L13	D2
cannot make up one's mind; to be of two minds	三心二意	三心二意	sānxīnèryì	L10	D3
to carry the black wok (to take the blame for others; to be made a scapegoat)	背黑锅	背黑鍋	bēihēiguō	L11	D1
ceramics, porcelain	陶瓷	陶瓷	táocí	L14	D3
climate	气候	氣候	qìhòu	L12	D3
color, smell, and flavor	色香味	色香味	sè xiāng wèi	L12	D3
communication (of using electronic technology)	通讯	通訊	tōngxùn	L9	D3
company; companion; partner	伴儿	伴兒	bànr	L8	D1
to consider; to think over	考虑	考慮	kǎolǜ	L9	D3
to criticize, criticism	批评	批評	pīpíng	L14	D2
cruel; brutal	残酷	殘酷	cánkù	L9	D3

D

to damage, to ruin, damage (n.)	破坏	破壞	pòhuài	L14	D1
to decline (morally); corruption; decay (of morals); indulgence	堕落	墮落	duòluò	L13	D3
to be disobedient (towards parents, traditions); treacherous	叛逆	叛逆	pànnì	L13	D3
to display	展出	展出	zhǎn chū	L14	D3
to display one's light skill (insignificant experience) before an expert;	班门弄斧	班門弄斧	Bānmén nòngfǔ	L10	D3
dissent; antagonism	异议	異議	yìyì	L14	D2
doughty as a dragon and lively as a tiger -- full	生龙活虎	生龍活虎	shēnglóng	L10	D3

163

of vim and vigor   huóhǔ

E

earthquake	地震	地震	dìzhèn	L14	D1
to economize; to use sparingly; to save; frugal	节省	節省	jiéshěng	L9	D3
to envy; to admire	羡慕	羨慕	xiànmù	L8	D3
evil; malicious	邪恶	邪惡	xié'è	L13	D3
exhibition	展览	展覽	zhǎnlǎn	L14	D3
to exist everywhere	无处不在	無處不在	wúchù búzài	L12	D3

F

fall in love at first sight	一见钟情	一見鍾情	yījiàn zhōngqíng	L10	D3
form (n.)	形式	形式	xíngshì	L14	D3

G

gallery; art museum	美术馆	美術館	měishù guǎn	L14	D3
to gather; gathering; get-together	聚会	聚會	jùhuì	L8	D3
General Tso's Chicken	左宗棠鸡	左宗棠鷄	Zuǒ Zōng-táng jī	L12	D3
genuine; really	真正	真正	zhēnzhèng	L8	D3
to get a thorough knowledge of; to have a good command of	精通	精通	jīngtōng	L12	D3
to get together	相聚	相聚	xiāngjù	L12	D3
to give up; to quit	放弃	放棄	fàngqì	L9	D3
to go on a business trip	出差	出差	chūchāi	L9	D2
to guess	猜	猜	cāi	L10	D1

G

gymnasium; stadium	体育馆	體育館	tǐyùguǎn	L13	D1

H

a half-bottle of vinegar (one who has only a superficial knowledge of something; a charlatan)	半瓶醋	半瓶醋	bànpíngcù	L11	D3
happy, happiness	幸福	幸福	xìngfú	L8	D1
to have a pity on; pitiful; pitiable	可怜	可憐	kělián	L9	D3
to heat leftover rice (to say or do the same old thing; to repeat without any new content)	炒冷饭	炒冷飯	chǎo lěngfàn	L11	D1
heavy burden; heavy responsibility	重担	重擔	zhòngdàn	L9	D3
to hide one's great ability; to be modest about one's skill	深藏不露	深藏不露	shēncáng bú lòu	L10	D3
to hide the truth from a person	瞒	瞒	mán	L9	D2
to hint; to imply; hint(n.)	暗示	暗示	ànshì	L11	D3
to hold, to conduct, to run (an activity)	举办	舉辦	jǔbàn	L14	D3
humorous (幽默感 = sense of humor)	幽默	幽默	yōumò	L11	D3

I

illness; breakdown; defect	毛病	毛病	máobìng	L8	D2
be indifferent to sth; neither care to inquire nor to hear	不闻不问	不聞不問	bùwénbúwèn	L10	D3
international	国际	國際	guójì	L14	D3
invariable; immutable and never-changing	一成不变	一成不變	yìchéng	L10	D3

			búbiàn		
to invite; invitation	邀请	邀請	yāoqǐng	L8	D1
IQ (intelligence quotient)	智商	智商	zhìshāng	L8	D2

J

joint-venture	合资	合資	hézī	L9	D2

K

to be killed in disasters	遇难	遇難	yùnàn	L14	D1

L

literary quotation	典故	典故	diǎngù	L10	D1
to look into the sky from sitting in a well - limited outlook; to take a narrow view of things	坐井观天	坐井觀天	zuòjǐng guāntiān	L10	D1

M

to manage, to supervise; management	管理	管理	guǎnlǐ	L9	D2
marriage	婚姻	婚姻	hūnyīn	L8	D1
Master's degree (M.A.)	硕士	碩士	shuòshì	L9	D1
to mock; to lampoon; satire	讽刺	諷刺	fěngcì	L11	D3
modest; modesty	谦虚	謙虛	qiānxū	L10	D1
music album	专辑	專輯	zhuānjí	L13	D3
music concert with vocals	演唱会	演唱會	yǎnchànghuì	L13	D2
music fans (迷 = fans)	歌迷	歌迷	gēmí	L13	D3

N

normal; regular; normally	正常	正常	zhèngcháng	L8	D2
nothing else but	不外乎	不外乎	búwàihū	L12	D1

O

occasion	场合	場合	chǎnghé	L11	D1
occasionally; once in a while	偶尔	偶爾	ǒuěr	L9	D2
on the whole; roughly; by and large	大体上	大體上	dàtǐshàng	L10	D2
orchestra; band	乐队	樂隊	yuèduì	L13	D3
outstanding; excellent	优秀	優秀	yōuxiù	L12	D1

P

to pat the horse's butt (to flatter excessively; to be a sycophant; to lick sB. 's shoes)	拍马屁	拍馬屁	pāimǎpì	L11	D2
Peking duck	北京烤鸭	北京烤鴨	Běijīng kǎoyā	L12	D3
personage; public figure	人士	人士	rénshì	L14	D2
photography	摄影	攝影	shèyǐng	L14	D3
to play lute for the cow (to speak to the wrong audience)	对牛弹琴	對牛彈琴	duìniútánqín	L10	D3
poet	诗人	詩人	shīrén	L14	D2
to point to, to refer to	指	指	zhǐ	L10	D1
polite; courtesy; politeness	礼貌	禮貌	lǐmào	L11	D1
popular; common	通俗	通俗	tōngsú	L11	D3
to pretend to be ignorant of sth.; pretend ignorance (聋: deaf; 哑: dumb)	装聋作哑	裝聾作啞	zhuānglóng zuòyǎ	L10	D3

165

to propose (a marriage)	求婚	求婚	qiúhūn	L8	D3
to protest; to object; remonstrate; protest (n.)	抗议	抗議	kàngyì	L13	D1
to put one's hand to; to start; to set about	下手	下手	xiàshǒu	L10	D2

R

radish	萝卜	蘿蔔	luóbo	L12	D2
refined; educated; elegant	文雅	文雅	wényǎ	L11	D3
region; area; district	地区	地區	dìqū	L12	D3
to regret	后悔	後悔	hòuhuǐ	L8	D3
to remain undecided to poise; (犹豫=to hesitate)	犹豫不决	猶豫不決	yóuyù bùjué	L10	D2
to respond, response	回应	回應	huíyīng	L14	D2
to rhyme; to have a correspondence of terminal sounds of words or of lines of verse	押韵	押韵	yāyùn	L11	D3
to risk one's life to do something; to exert the utmost strength; to put up a desperate fight	拼命	拼命	pīnmìng	L11	D2
romantic	浪漫	浪漫	làngmàn	L11	D3
rumor	谣言	謠言	yáoyán	L13	D1

S

to sacrifice; to do something at the expense of another	牺牲	犧牲	xīshēng	L11	D3
scandal 丑：ugly	丑闻	醜聞	chǒuwén	L11	D3
secretly; sneakily (偷: to steal)	偷偷	偷偷	tōutōu	L13	D3
sensitive	敏感	敏感	mǐngǎn	L14	D1
to shake, to shock; shock (n.) , shaking,	震撼	震撼	zhènhàn	L13	D3
to shout loudly; loud shouts in support (of something)	呐喊	吶喊	nàhǎn	L13	D1
to show; to manifest; performance	表现	表現	biǎoxiàn	L11	D3
since	既然	既然	jìrán	L9	D3
to sing and praise	歌颂	歌頌	gēsòng	L13	D3
singer	歌手	歌手	gēshǒu	L13	D2
to sit on the cold bench (to be idled from important tasks)	坐冷板凳	坐冷板凳	zuò lěngbǎndèng	L11	D3
as smooth and pleasant as a perfect sailing	一帆风顺	一帆風順	yìfān fēngshùn	L10	D3
to split up; to say good-bye	分手	分手	fēnshǒu	L8	D3
to steam	蒸	蒸	zhēng	L12	D2
to stew after frying or to fry after stewing; to cook	烧	燒	shāo	L12	D2
structure; construction	结构	結構	jiégòu	L10	D2
style	风格	風格	fēnggé	L13	D3
to suffer a crushing defeat; to suffer a complete loss	一败涂地	一敗塗地	yíbàitúdì	L10	D3
to be surprised; to be shocked; to be amazed	吃惊	吃驚	chījīng	L12	D1
to suspect; to have doubts; suspicions	怀疑	懷疑	huáiyí	L13	D2

T

tacit understanding; privity; unvoiced pact	默契	默契	mòqì	L8	D3
to take bribery, corruption	贪污	貪污	tānwū	L14	D1
talented; talent; genius	天才	天才	tiāncái	L13	D3
temporary; for the time being	暂时	暫時	zànshí	L9	D3

there's not enough time (to do sth) 来得及 =there's still time to do sth	来不及	來不及	láibùjí	L8	D3
to be too proud of oneself out of ignorance; ignorant boastfulness; [Yelang people think their country is bigger than China]	夜郎自大	夜郎自大	Yèlángzìdà	L10	D1
to train; training	培训	培訓	péixùn	L9	D2
to try to sell; to market	推销	推銷	tuīxiāo	L8	D1

U

unfortunately; it's a pity; it is too bad	可惜	可惜	kěxī (Taiwan: also kěxí)	L9	D3
unmarried; single	单身	單身	dānshēn	L8	D3

V

value	价值	價值	jiàzhí	L14	D3
vegetables; greens	蔬菜	蔬菜	shūcài	L12	D2
visa	签证	簽證	qiānzhèng	L9	D1
to visit	参观	參觀	cānguān	L14	D3

W

wife	老婆	老婆	lǎopo	L11	D2
works	作品	作品	zuòpǐn	L14	D3

Y

to yearn for; to look forward to	向往	嚮往	xiàngwǎng	L12	D3

听力生词拼音索引/聽力生詞拼音索引
Index of Listening Vocabulary in English

A

ànshì	暗示	暗示	to hint; to imply; hint(n.)	L11	D3

B

Bānmén nòngfǔ	班门弄斧	班門弄斧	to display one's light skill (insignificant experience) before an expert;	L10	D3
bànpíngcù	半瓶醋	半瓶醋	a half-bottle of vinegar (one who has only a superficial knowledge of something; a charlatan)	L11	D3
bànr	伴儿	伴兒	company; companion; partner	L8	D1
bēihēiguō	背黑锅	背黑鍋	to carry the black wok (to take the blame for others; to be made a scapegoat)	L11	D1
Běijīng kǎoyā	北京烤鸭	北京烤鴨	Peking duck	L12	D3
biǎoxiàn	表现	表現	to show; to manifest; performance	L11	D3
búwàihū	不外乎	不外乎	nothing else but	L12	D1
bùwénbúwèn	不闻不问	不聞不問	be indifferent to sth; neither care to inquire nor to hear	L10	D3

C

cāi	猜	猜	to guess	L10	D1
cānguān	参观	參觀	to visit	L14	D3
cánkù	残酷	殘酷	cruel; brutal	L9	D3
chǎnghé	场合	場合	occasion	L11	D1
chǎo lěngfàn	炒冷饭	炒冷飯	to heat leftover rice (to say or do the same old thing; to repeat without any new content)	L11	D1
chījīng	吃惊	吃驚	to be surprised; to be shocked; to be amazed	L12	D1
chǒuwén	丑闻	醜聞	scandal 丑：ugly	L11	D3
chūchāi	出差	出差	to go on a business trip	L9	D2

D

dǎ tuìtánggǔ	打退堂鼓	打退堂鼓	to beat the step-down-the-stage drum (to give up a pursuit without attaining one's goal)	L11	D3
dānshēn	单身	單身	unmarried; single	L8	D3
dàtǐshàng	大体上	大體上	on the whole; roughly; by and large	L10	D2
diǎngù	典故	典故	literary quotation	L10	D1
dìqū	地区	地區	region; area; district	L12	D3
dìzhèn	地震	地震	earthquake	L14	D1
duìniútánqín	对牛弹琴	對牛彈琴	to play lute for the cow (to speak to the wrong audience)	L10	D3
duòluò	堕落	墮落	to decline (morally); corruption; decay (of morals); indulgence	L13	D3

F

fàngqì	放弃	放棄	to give up; to quit	L9	D3
fěngcì	讽刺	諷刺	to mock; to lampoon; satire	L11	D3
fēnggé	风格	風格	style	L13	D3
fēnshǒu	分手	分手	to split up; to say good-bye	L8	D3

G

gēmí	歌迷	歌迷	music fans (迷 = fans)	L13	D3
gēshǒu	歌手	歌手	singer	L13	D2
gēsòng	歌颂	歌頌	to sing and praise	L13	D3
guǎnlǐ	管理	管理	to manage, to supervise; management	L9	D2
gūdān	孤单	孤單	alone; all by oneself; lonely	L8	D3
guójì	国际	國際	international	L14	D3
H					
hézī	合资	合资	joint-venture	L9	D2
hòuhuǐ	后悔	後悔	to regret	L8	D3
huáiyí	怀疑	懷疑	to suspect; to have doubts; suspicions	L13	D2
huíyīng	回应	回應	to respond, response	L14	D2
hūnyīn	婚姻	婚姻	marriage	L8	D1
J					
jiàzhí	价值	價值	value	L14	D3
jiégòu	结构	結構	structure; construction	L10	D2
jiéshěng	节省	節省	to economize; to use sparingly; to save; frugal	L9	D3
jīhū	几乎	幾乎	almost	L13	D2
jīnbuzhù	禁不住	禁不住	can't help doing sth; can't refrain from; =不禁	L12	D3
jīngtōng	精通	精通	to get a thorough knowledge of; to have a good command of	L12	D3
jìrán	既然	既然	since	L9	D3
jǔbàn	举办	舉辦	to hold, to conduct, to run (an activity)	L14	D3
jùhuì	聚会	聚會	to gather; gathering; get-together	L8	D3
K					
kāiyèchē	开夜车	開夜車	"to burn the midnight oil"	L11	D2
kàngyì	抗议	抗議	to protest; to object; remonstrate; protest (n.)	L13	D1
kǎolǜ	考虑	考慮	to consider; to think over	L9	D3
kělián	可怜	可憐	to have a pity on; pitiful; pitiable	L9	D3
kěxī (Taiwan: also kěxí)	可惜	可惜	unfortunately; it's a pity; it is too bad	L9	D3
L					
láibùjí	来不及	來不及	there's not enough time (to do sth) 来得及 =there's still time to do sth	L8	D3
làngmàn	浪漫	浪漫	romantic	L11	D3
lǎopo	老婆	老婆	wife	L11	D2
lěngjìng	冷静	冷靜	to be calm; calm	L8	D3
lǐmào	礼貌	禮貌	polite; courtesy; politeness	L11	D1
lǐngyǎng	领养	領養	to adopt (children)	L8	D2
luóbo	萝卜	蘿蔔	radish	L12	D2
lùqǔ	录取	錄取	to admit students (application); to recruit	L9	D1
M					
mán	瞒	瞞	to hide the truth from a person	L9	D2
máobìng	毛病	毛病	illness; breakdown; defect	L8	D2
měishù guǎn	美术馆	美術館	gallery; art museum	L14	D3

169

mǐngǎn	敏感	敏感	sensitive	L14	D1
mòqì	默契	默契	tacit understanding; privity; unvoiced pact]	L8	D3

N

nàhǎn	呐喊	呐喊	to shout loudly; loud shouts in support (of something)	L13	D1
niúpái	牛排	牛排	beef steak	L12	D1

O

ǒuěr	偶尔	偶爾	occasionally; once in a while	L9	D2

P

pāimǎpì	拍马屁	拍馬屁	to pat the horse's butt (to flatter excessively; to be a sycophant; to lick sB. 's shoes)	L11	D2
pànnì	叛逆	叛逆	to be disobedient (towards parents, traditions); treacherous	L13	D3
pāoqì	抛弃	抛弃	to abandon; to discard	L8	D2
péixùn	培训	培訓	to train; training	L9	D2
pìgu	屁股	屁股	buttocks; hip	L11	D1
pīnmìng	拼命	拼命	to risk one's life to do something; to exert the utmost strength; to put up a desperate fight	L11	D2
pīpíng	批评	批評	to criticize, criticism	L14	D2
pòhuài	破坏	破壞	to damage, to ruin, damage (n.)	L14	D1
qiānxū	谦虚	謙虛	modest; modesty	L10	D1

Q

qiānzhèng	签证	簽證	visa	L9	D1
qìhòu	气候	氣候	climate	L12	D3
qiúhūn	求婚	求婚	to propose (a marriage)	L8	D3
qìwēn	气温	氣溫	air temperature	L13	D1
qǔxiāo	取消	取消	to cancel	L13	D2

R

rénshì	人士	人士	personage; public figure	L14	D2

S

sānxīnèryì	三心二意	三心二意	cannot make up one's mind; to be of two minds	L10	D3
sè xiāng wèi	色香味	色香味	color, smell, and flavor	L12	D3
shāo	烧	燒	to stew after frying or to fry after stewing; to cook	L12	D2
shēncáng bú lòu	深藏不露	深藏不露	to hide one's great ability; to be modest about one's skill	L10	D3
shēngcài	生菜	生菜	an uncooked vegetable; lettuce	L12	D1
shēnglóng huóhǔ	生龙活虎	生龍活虎	doughty as a dragon and lively as a tiger -- full of vim and vigor	L10	D3
shèyǐng	摄影	攝影	photography	L14	D3
shīrén	诗人	詩人	poet	L14	D2
shíyù	食欲	食欲	appetite	L12	D1
shūcài	蔬菜	蔬菜	vegetables; greens	L12	D2
shuòshì	硕士	碩士	Master's degree (M.A.)	L9	D1

T

170

tānwū	贪污	貪污	to take bribery, corruption	L14	D1
táocí	陶瓷	陶瓷	ceramics, porcelain	L14	D3
tiāncái	天才	天才	talented; talent; genius	L13	D3
tǐyùguǎn	体育馆	體育館	gymnasium; stadium	L13	D1
tōngsú	通俗	通俗	popular; common	L11	D3
tōngxùn	通讯	通訊	communication (of using electronic technology)	L9	D3
tōutōu	偷偷	偷偷	secretly; sneakily (偷: to steal)	L13	D3
tuīxiāo	推销	推銷	to try to sell; to market	L8	D1

W

wényǎ	文雅	文雅	refined; educated; elegant	L11	D3
wúchù búzài	无处不在	無處不在	to exist everywhere	L12	D3

X

xiāngjù	相聚	相聚	to get together	L12	D3
xiàngwǎng	向往	嚮往	to yearn for; to look forward to	L12	D3
xiānjìn	先进	先進	advanced	L12	D3
xiànmù	羡慕	羨慕	to envy; to admire	L8	D3
xiàshǒu	下手	下手	to put one's hand to; to start; to set about	L10	D2
xié'è	邪恶	邪惡	evil; malicious	L13	D3
xìngfú	幸福	幸福	happy, happiness	L8	D1
xíngshì	形式	形式	form (n.)	L14	D3
xīshēng	牺牲	犧牲	to sacrifice; to do something at the expense of another	L11	D3

Y

yǎnchànghuì	演唱会	演唱會	music concert with vocals	L13	D2
yāoqǐng	邀请	邀請	to invite; invitation	L8	D1
yáoyán	谣言	謠言	rumor	L13	D1
yāyùn	押韵	押韻	to rhyme; to have a correspondence of terminal sounds of words or of lines of verse	L11	D3
Yèlángzìdà	夜郎自大	夜郎自大	to be too proud of oneself out of ignorance; ignorant boastfulness; [Yelang people think their country is bigger than China]	L10	D1
yíbàitúdì	一败涂地	一敗塗地	to suffer a crushing defeat; to suffer a complete loss	L10	D3
yìchéng búbiàn	一成不变	一成不變	invariable; immutable and never-changing	L10	D3
yìfān fēngshùn	一帆风顺	一帆風順	as smooth and pleasant as a perfect sailing	L10	D3
yījiàn zhōngqíng	一见钟情	一見鍾情	fall in love at first sight	L10	D3
yìshù	艺术	藝術	art	L14	D3
yìyì	异议	異議	dissent; antagonism	L14	D2
yōumò	幽默	幽默	humorous (幽默感 = sense of humor)	L11	D3
yōuxiù	优秀	優秀	outstanding; excellent	L12	D1
yóuyù bùjué	犹豫不决	猶豫不決	to remain undecided to poise; (犹豫=to hesitate)	L10	D2
yuèduì	乐队	樂隊	orchestra; band	L13	D3
yùnàn	遇难	遇難	to be killed in disasters	L14	D1

Z

zànshí	暂时	暫時	temporary; for the time being	L9	D3
zhǎnchū	展出	展出	to display	L14	D3
zhǎnlǎn	展览	展覽	exhibition	L14	D3
zhēng	蒸	蒸	to steam	L12	D2
zhèngcháng	正常	正常	normal; regular；normally	L8	D2
zhènhàn	震撼	震撼	to shake, to shock; shock (n.), shaking,	L13	D3
zhēnzhèng	真正	真正	genuine; really	L8	D3
zhǐ	指	指	to point to, to refer to	L10	D1
zhìshāng	智商	智商	IQ (intelligence quotient)	L8	D2
zhòngdàn	重担	重擔	heavy burden; heavy responsibility	L9	D3
zhuānglóng zuòyǎ	装聋作哑	裝聾作啞	to pretend to be ignorant of sth.; pretend ignorance (聋: deaf; 哑: dumb)	L10	D3
zhuānjí	专辑	專輯	music album	L13	D3
zuò lěng-bǎndèng	坐冷板凳	坐冷板凳	to sit on the cold bench (to be idled from important tasks)	L11	D3
Zuǒ Zōng-táng jī	左宗棠鸡	左宗棠鶏	General Tso's Chicken	L12	D3
zuòjǐng guāntiān	坐井观天	坐井觀天	to look into the sky from sitting in a well - limited outlook; to take a narrow view of things	L10	D1
zuòpǐn	作品	作品	works	L14	D3

口语用法索引/口語用法索引
Index of Oral Expressions

46384152R00098